La Dynamite

Edited by
Hugh Campbell *Rocky Hill School*
Camille Bauer *Brown University*

Illustrated by
Arthur Taylor

La

Houghton Mifflin Company · Boston
New York · Atlanta · Geneva, Illinois · Dallas · Palo Alto

Dynamite

UNDER THE EDITORSHIP OF

William C. Holbrook

HAMPDEN-SYDNEY COLLEGE

Table des matières

Preface

La Dynamite is an adventure story which has the persistent tension of a murder mystery. The title refers as much to the impact on the reader as to the cargo of nitroglycerin that the two principal characters agree to transport over treacherous roads to the site of an oil well fire. The slightest jolt could mean death, and the obstacles, physical and emotional, which they encounter on their fateful journey create a thriller that grows in intensity to the last page. The plot is well geared to hold interest in a time when student taste is accustomed to a fairly strong diet. *La Dynamite* is not the paltry fare beginning French students have frequently been offered.

The original story has been simplified to put it within the vocabulary range of first or second year students. To keep the flavor, pace and forcefulness of the original, however, the simplification is minimal. New words or unfamiliar expressions are defined or explained in French on the left-hand pages facing the text. They are presented in the order in which they appear and are defined by simpler French words, by examples, and, in instances where a picture can be more precise and more efficient than a lengthy explanation, by a small illustration. All words are also defined in the end vocabulary. A list of symbols and grammatical abbreviations used in the end vocabulary and in the explanations on the left-hand pages is given on page 134.

In *Contes pour débutants* and *Arsène Lupin*, the first two volumes of their series of Programmed French Readers, the editors attempted to limit vocabulary largely to *Le Français Fondamental* and to re-enter words frequently. In the third volume, *La Robe et le couteau*, no such limitations were applied and the texts were presented in the original. Although not a part of that series, *La Dynamite* is similar in format to all three books; it resembles them in the large number of oral exercises that permit ready assimilation of the vocabulary and structures of the story. The text has been simplified but is not limited to the vocabulary of *Le Français Fondamental*. The editors have used words that beginning

French students might easily know, however. Since English is not used in the book, cognates play an important role. New grammatical structures are introduced gradually, and particular attention is given to the progression of verb tenses.

Of the greatest help to the student and teacher alike are the oral and written pattern practices based on the text. They are designed to reinforce the vocabulary, expressions and structures used in the text. The structures causing difficulty for beginning French students are the object of many of the exercises. Because the exercises recount the plot and often demand thoughtful answers rather than sheer mimicry, they should be a great help to students wishing to acquire an active vocabulary and correct usage of grammar.

The recorded program accompanying *La Dynamite* includes selections from the readings and the greater part of the oral pattern exercises. In the text ® indicates material that has been recorded.

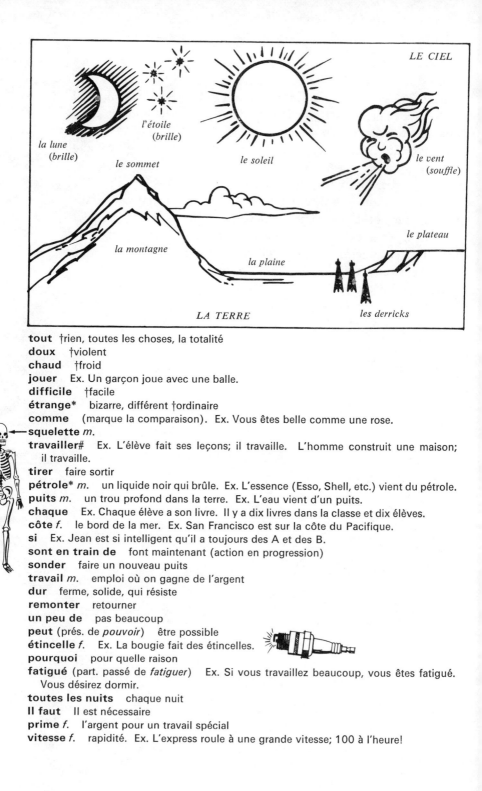

tout †rien, toutes les choses, la totalité
doux †violent
chaud ††froid
jouer Ex. Un garçon joue avec une balle.
difficile ††facile
étrange* bizarre, différent †ordinaire
comme (marque la comparaison). Ex. Vous êtes belle comme une rose.
squelette *m.*
travailler# Ex. L'élève fait ses leçons; il travaille. L'homme construit une maison;
    il travaille.
tirer faire sortir
pétrole* *m.* un liquide noir qui brûle. Ex. L'essence (Esso, Shell, etc.) vient du pétrole.
puits *m.* un trou profond dans la terre. Ex. L'eau vient d'un puits.
chaque Ex. Chaque élève a son livre. Il y a dix livres dans la classe et dix élèves.
côte *f.* le bord de la mer. Ex. San Francisco est sur la côte du Pacifique.
si Ex. Jean est si intelligent qu'il a toujours des A et des B.
sont en train de font maintenant (action en progression)
sonder faire un nouveau puits
travail *m.* emploi où on gagne de l'argent
dur ferme, solide, qui résiste
remonter retourner
un peu de pas beaucoup
peut (prés. de *pouvoir*) être possible
étincelle *f.* Ex. La bougie fait des étincelles.
pourquoi pour quelle raison
fatigué (part. passé de *fatiguer*) Ex. Si vous travaillez beaucoup, vous êtes fatigué.
    Vous désirez dormir.
toutes les nuits chaque nuit
Il faut Il est nécessaire
prime *f.* l'argent pour un travail spécial
vitesse *f.* rapidité. Ex. L'express roule à une grande vitesse; 100 à l'heure!

1

L'Explosion

Il fait nuit. Sur la grande plaine tout est calme. Il y a un vent doux et chaud. Les étoiles brillent mais la lune joue derrière les nuages. A cette lumière faible il est difficile de voir les derricks qui sont dans la plaine. Ils forment une silhouette étrange contre le ciel bleu-noir; ils sont comme le squelette d'une ville. 5

Au pied des derricks des pompes travaillent nuit et jour à tirer le pétrole de la terre. Le pétrole est tiré d'un puits sous chaque derrick. Il passe alors par un pipe-line à Las Piedras sur la côte Pacifique de l'Amérique du Sud.

Dans cette nuit si calme, dans la grande plaine, les hommes sont 10 en train de sonder, de faire un nouveau puits. C'est un travail très dangereux parce qu'une explosion est toujours possible. Les machines font tourner un tube de métal très dur dans la terre. Quand il remonte à la surface avec un peu de gaz du puits, ce gaz peut entrer en contact avec une étincelle ou avec un objet très chaud et alors, boum! il y a 15 une terrible explosion. Vous comprenez maintenant pourquoi les hommes ne fument pas de cigarettes quand ils font un nouveau puits.

Les travailleurs sont fatigués. Ils travaillent dix heures toutes les nuits. Il faut travailler vite, car la Crude Oil Co. Ltd. paie une prime 20 de vitesse. En présence du danger perpétuel, ils sont nerveux. En

En travaillant Ex. Ils pensent et ils travaillent. Ils pensent en même temps qu'ils travaillent.

penser avoir dans l'esprit, imaginer. Ex. L'homme pense avec sa tête. Un philosophe pense beaucoup.

plaisir *m.* Ex. Vous dites à un ami: «C'est un plaisir de vous voir.» Le plaisir vous donne de la joie.

projet *m.* plan, ce qu'on veut faire

vacances *f. pl.* Ex. Les vacances d'été commencent en juin et finissent en septembre.

oublier ne pas penser, perdre le souvenir. Ex. Ce glouton oublie d'étudier, mais il n'oublie pas de manger!

vie *f.* †la mort

dur difficile

s'amuser* faire des choses amusantes

jusqu'au Ex. La vie dure jusqu'à la mort, au moment de la mort.

Au milieu de (exp.) Au centre de. Ex. Le milieu de la nuit est minuit.

rêve *m.* Ex. Vous imaginez quelque chose quand vous dormez; c'est un rêve.

bruit *m.* Vous entendez un bruit avec les oreilles. Ex. Les garçons font du bruit quand ils jouent. «Crac!» et «boum!» sont des bruits.

soudain Ex. Un bruit soudain est un bruit qui vient brusquement et comme surprise.

tonnerre *m.* le bruit qui accompagne ou vient après un éclair

lumière *f.* Ex. Le soleil donne plus de lumière que la lune.

éclair *m.* décharge électrique entre deux nuages

gigantesque* comme un géant; très grand, énorme

sol *m.* la terre, surface sur laquelle on marche

brûler Ex. Il fume une cigarette. La cigarette brûle.

sauter faire explosion

travaillant, ils pensent aux plaisirs, à la semaine de vacances. Ils font des projets de vacances comme les élèves à l'école. Ils désirent oublier la vie de travail perpétuel, dur et dangereux. Le premier soir de vacances, ils vont s'amuser, danser, boire jusqu'au matin.

Au milieu de cette nuit si calme, dans cette nuit de travail, dans 5 cette nuit de rêves de plaisir, il y a un bruit soudain, énorme comme le tonnerre, puis la lumière blanche d'une explosion. La lumière est plus forte qu'un éclair. Une flamme gigantesque monte du sol et brûle comme un volcan en éruption. Les travailleurs sont dans l'éternité. Les derricks tremblent sous l'explosion. Le nouveau puits 10 a sauté!

EXERCICES

I. Répondez aux questions:

1. Quel temps fait-il?
2. Qu'est-ce qui brille dans le ciel?
3. Qu'est-ce qui joue derrière les nuages?
4. Pourquoi est-il difficile de voir les derricks?
5. Comment sont les derricks?
6. De quelle couleur est le ciel?
7. Que font les pompes?
8. Où va le pipe-line?
9. Qu'est-ce que les hommes sont en train de faire?
10. Pourquoi leur travail est-il dangereux?
11. Que font tourner les machines?
12. Pendant combien d'heures travaillent les hommes?
13. Pourquoi travaillent-ils vite?
14. A quoi pensent-ils en travaillant?
15. Que vont-ils faire le premier soir de vacances?
16. Pourquoi y a-t-il un bruit soudain?
17. Qu'est-ce qui monte du sol?
18. Les hommes travaillent-ils encore?

II. Répondez sur le modèle suivant:

®   **Les hommes sondent un puits.**
    Les hommes sont en train de sonder un puits.

1. Les hommes travaillent.
2. Les hommes pensent aux plaisirs.
3. Les hommes fument une cigarette.
4. L'homme joue.
5. La flamme brûle.
6. Le pétrole passe par le pipe-line.
7. Les machines font tourner le tube.
8. Le tube remonte.
9. Le tube tourne.
10. Les pompes tirent le pétrole.

III. Répondez sur le modèle suivant:

®   **Les hommes s'amusent?**
    Oui, ils vont s'amuser.

   1. Ils fument après leur travail?
   2. Ils dansent après?
   3. La Compagnie paie des primes?
   4. Les machines travaillent?
   5. Les machines tournent?
   6. Le tube remonte à la surface?
   7. Il y a une explosion?
   8. Le pétrole passe par un pipe-line?
   9. Les hommes font des projets?
 10. Ils sont fatigués?

IV. Répondez sur le modèle suivant:

    Les hommes travaillent. Ils pensent aux plaisirs.
    Les hommes travaillent en pensant aux plaisirs.

   1. Ils travaillent. Ils pensent à la prime.
   2. Ils s'amusent. Ils dansent.
   3. Ils oublient. Ils s'amusent.
   4. Ils sont nerveux. Ils travaillent.
   5. Les pompes font du bruit. Elles pompent.
   6. Le tube est chaud. Il remonte.
   7. Le gaz explose. Il entre en contact avec le feu.
   8. La flamme monte. Elle brûle.

V. Répondez sur le modèle suivant:

®   **La lumière est forte; un éclair n'est pas si fort.**
    La lumière est plus forte qu'un éclair.

   1. Le tube est dur; un roc n'est pas si dur.
   2. Les hommes sont fatigués; les élèves ne sont pas si fatigués.
   3. Les derricks sont étranges; un squelette n'est pas si étrange.
   4. La flamme est gigantesque; un volcan n'est pas si gigantesque.
   5. Les hommes sont nerveux; les élèves ne sont pas si nerveux.
   6. La nuit est calme; le jour n'est pas si calme.

7. Le travail des hommes est difficile; un examen de français n'est pas si difficile.
8. L'explosion est terrible; une éruption n'est pas si terrible.
9. Les machines travaillent vite; les hommes ne travaillent pas si vite.
10. L'explosion est énorme; un volcan en éruption n'est pas si énorme.

VI. Répondez sur le modèle suivant:

®   **Les hommes fument des cigarettes?**
    Les hommes ne fument pas de cigarettes.

1. Il y a des volcans?
2. Les élèves font des puits?
3. L'école paie une prime aux bons élèves?
4. Les hommes boivent du pétrole?
5. Les machines font des étincelles?
6. On voit des éclairs?

VII. Répondez sur le modèle suivant:

®   **Le tube tourne.**
    Il faut faire tourner le tube.

1. Les élèves travaillent.
2. Le pétrole passe dans un pipe-line.
3. Les machines pompent.
4. Le tube remonte à la surface.

VIII. Complétez les phrases suivantes en vous servant des éléments contenus dans le texte:

1. Il est difficile de voir les derricks parce que...
2. Las Piedras est situé sur...
3. Les hommes sont en train de...
4. Le gaz du puits peut entrer en contact avec...
5. Les hommes ne fument pas de cigarettes parce que...
6. Les hommes travaillent beaucoup parce que...
7. En travaillant les hommes pensent à...
8. Dans cette nuit si calme il y a soudain...

IX. Résumez le chapitre 1 en vous servant des mots suivants:

1. Grande plaine, tout, être calme.
2. Etoiles, briller, mais, lune, jouer, nuages.
3. Derricks, former, silhouette, étrange.
4. Pompes, travailler, nuit, jour, tirer, pétrole, terre.
5. Pétrole, passer, pipe-line, Las Piedras, sur, côte Pacifique, Amérique, Sud.
6. Travail, dangereux, parce que, gaz, peut entrer, contact, étincelle.
7. Hommes, ne pas fumer, cigarettes, quand, faire, nouveau puits.
8. Ils, penser, plaisirs, semaine de vacances.
9. Au milieu, nuit, calme, flamme, monter, et, brûler, comme, volcan.
10. Travailleurs, être, éternité, parce que, nouveau puits, sauter.

réfléchit (prés. de *réfléchir*)   penser

comment?   Ex. «Comment allez-vous?» «Je vais bien, merci.»

arrêter   Ex. L'agent de police lève la main
   pour arrêter cette auto.

feu *m.*   Ex. Le bois brûle; c'est un feu.

éteindre   arrêter un feu   †allumer

coûter   Ex. J'achète la cravate à un dollar: elle coûte un dollar.

tant   une si grande quantité

argent *m.*   Ex. un dollar, cinq francs

façon *f.*   manière.   Ex. Il y a deux façons d'aller en Europe: en bateau ou en avion.

souffler   Voir dessin en face de la page 1.   Ex. Le vent souffle.

fort   beaucoup

beaucoup   Ex. Un millionnaire a beaucoup d'argent.

plus petit   (comparatif de l'adj. *petit*)

affreuse (*f.* de *affreux*)   terrible

trou *m.*   Ex. Le fromage suisse a des trous.
         Le fromage américain n'a pas de trous.

rocher *m.*   pierre

virage *m.*   courbe, tournant.   Voir dessin à la page 32.

camion *m.*

un sur cinq   un dans un groupe de cinq

peut-être   Ex. Il est malade? Peut-être. = C'est possible.

seule   Ici, il n'y a pas d'autre solution.

autre   différent

assez   Le livre coûte deux dollars. Jean a trois dollars. Il a assez d'argent pour l'acheter.
   Henri a un dollar.   Il n'a pas assez d'argent pour l'acheter.

mécanicien *m.*   homme qui répare une automobile.

peuvent (prés. de *pouvoir*)   être capable.   Ex. Elles peuvent payer: elles sont riches.

état *m.*   Ex. Ce chapeau est en mauvais état.
         Ce chapeau est en bon état.

chauffeur* *m.*   l'homme qui conduit un camion

attendre   Ex. Il veut être soldat. Il a douze ans. Il faut attendre six ans.   Quand il
   aura dix-huit ans, il pourra être soldat.

toujours   encore (pour une action ou un état qui continue)

pauvre   †riche

veulent (prés. de *vouloir*)   désirer

chercher   essayer de trouver en regardant.   Ex. Je n'ai pas mon crayon.   Je cherche
   dans mes poches.

2

Le Plan

A Las Piedras le chef de la Crude Oil Co. Ltd., O'Brien, réfléchit,
comment arrêter le feu? Comment éteindre cette flamme immense?
Cette flamme coûte tant d'argent à la compagnie!
Il y a une façon d'éteindre un puits en flammes: il faut souffler.
Mais il faut souffler très fort, avec des explosifs par exemple. A Las 5
Piedras il y a beaucoup de dynamite! Le problème est de la transporter
sans choc de la ville au derrick seize. Au plus petit choc elle saute;
elle fait explosion. De Las Piedras au derrick seize la route est affreuse.
Avec tous ces trous, ces rochers, ces virages un camion sur cinq peut-
être peut arriver au feu. Est-ce possible? Oui, possible, mais pas 10
probable. Cependant c'est la seule solution. C'est un grand risque,
mais il n'y a rien d'autre à faire.
La Crude a d'assez bons camions. Les mécaniciens peuvent mettre
deux de ces camions en très bon état.
Les chauffeurs? Pour faire venir de l'Amérique du Nord de très 15
bons chauffeurs, il faut du temps. Mais O'Brien ne peut pas attendre.
A Las Piedras il y a des hommes sans travail. Ce sont des vagabonds,
des tramps qui sont arrivés à Las Piedras sans argent. Mais il n'y a
pas de travail dans la ville et ces hommes sont toujours très pauvres.
Ils veulent quitter le port à tout prix mais c'est impossible. Ils cherchent

souvent   fréquemment   †rarement

chez   Ici, au bureau de

fois *f.*   Ex. Je mange trois fois.   La première fois le matin, la deuxième fois à midi et la troisième fois le soir.

quelque chose   objet non précisé.   Ex. Je vois quelque chose mais je ne sais pas ce que c'est.   Il y a quelque chose sur cette table.

après-midi *m.* ou *f.*   partie du jour entre midi et le soir

emploi* *m.*   travail

regarder   tourner les yeux vers.   Ex. Je regarde avec les yeux.

haut   †bas.   Ex. La Tour Eiffel est haute: mon garage n'est pas haut.

salaire* *m.*   argent que le travailleur reçoit pour son travail.   Ex. On paie un salaire aux personnes qui travaillent.

déjà (marque que l'action est faite avant)   Ex. Vous êtes déjà ici ?   Mais le dîner est à 8 heures!

gagner   recevoir de l'argent pour un travail.   Ex. Il travaille et il gagne de l'argent pour son travail.

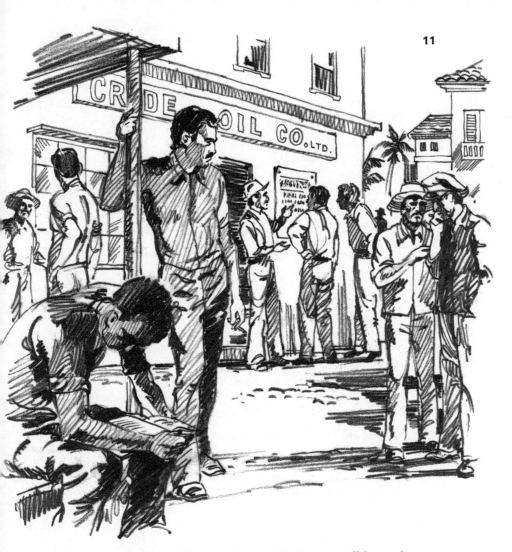

souvent du travail chez O'Brien. Cette fois il peut offrir quelque chose.

Cet après-midi il y a une offre d'emploi à la porte de la Crude Oil Co. Ltd. que tous les tramps regardent.

«Nous cherchons d'excellents chauffeurs de camion. Travail dan- 5 gereux. Hauts salaires. Demandez au bureau.»

Les risques sont grands mais «Hauts salaires» sont des mots magiques pour ces pauvres hommes. Ils sont tous au bureau. Ils font déjà des projets pour quitter Las Piedras avec l'argent qu'ils vont gagner chez la Crude.

EXERCICES

I. Répondez aux questions:

1. Qui est O'Brien?
2. A quoi réfléchit-il?
3. Pourquoi la compagnie n'aime-t-elle pas la flamme?
4. De quelle façon peut-on éteindre un puits en flammes?
5. Quel problème présente le transport de la dynamite?
6. Où faut-il transporter la dynamite?
7. Comment est la route?
8. Combien des cinq camions arriveront probablement au derrick seize?
9. Pourquoi O'Brien ne peut-il pas faire venir des chauffeurs des Etats-Unis?
10. Qui va-t-il prendre comme chauffeurs alors?
11. Pourquoi ces hommes sont-ils toujours très pauvres?
12. Pourquoi ne vont-ils pas dans une ville où il y a du travail?
13. Quels sont les mots magiques?
14. Que veulent faire les tramps avec l'argent?

II. Répondez sur le modèle suivant:

® **Nous cherchons des chauffeurs (excellents)**
Nous cherchons d'excellents chauffeurs.

1. La Crude a des camions. (assez bons)
2. Il faut faire venir des chauffeurs. (très bons)
3. Ils font des projets. (beaux)
4. Nous offrons des salaires. (bons)
5. Il y a des risques. (grands)
6. Il faut rouler sur des routes. (affreuses)
7. O'Brien fait venir des vagabonds. (pauvres)
8. La Crude paie des primes. (énormes)
9. La Crude fair des offres. (nouvelles)
10. Le pétrole passe par des pipe-lines. (longs)

III. Répondez sur le modèle suivant:

® **Il y a une offre?**
Il n'y a pas d'offre.

Il y a... 1. une étoile?   3. une éruption?
2. un objet?   4. une étincelle?

        5. une école ?   8. un élève ?
        6. un éclair ?   9. une explosion ?
        7. un homme ?   10. un explosif ?

IV. Répondez sur le modèle suivant:

®   **Les hommes sont venus avec de l'argent ?**
     Ils sont venus sans argent.

    Ils sont venus...   1. avec des cigarettes ?
                        2. avec des camions ?
                        3. avec des explosifs ?
                        4. avec de la dynamite ?
                        5. avec plaisir ?

V. Répondez sur le modèle suivant:

®   **Il y a des explosifs ?**
     Non, il n'y a pas beaucoup d'explosifs.

    Il y a... 1. des étoiles ?   6. des objets très chauds ?
               2. des étincelles ?   7. des éclairs ?
               3. des hommes riches ?   8. des offres d'emploi ?
               4. des explosions ?   9. des emplois faciles ?
               5. des éruptions ?   10. des écoles ?

VI. Complétez les phrases suivantes en vous servant des éléments
    contenus dans le texte:

    1. Il faut éteindre la flamme parce qu'elle coûte...
    2. Pour éteindre la flamme il faut...
    3. Au plus petit choc la dynamite...
    4. La route est affreuse parce qu'il y a beaucoup de...
    5. O'Brien ne peut pas faire venir des chauffeurs...
    6. Les vagabonds veulent quitter Las Piedras parce que...
    7. Ils ne pensent pas trop aux risques parce que...

VII. Résumez le chapitre 2 en vous servant des mots suivants:

    1. Pour éteindre, puits, flammes, il faut souffler, fort, explosifs.
    2. Problème, transporter, dynamite, choc, derrick seize.
    3. Avec, trous, rochers, virages, un camion, cinq, arriver.
    4. Il faut, temps, faire venir, très bons, chauffeurs, Amérique,
       Nord.
    5. Vagabonds, toujours, pauvres, parce que, pas de travail.
    6. O'Brien, offrir, emploi, tramps, pour, travail dangereux.

conduire Ex. Le chauffeur fait marcher le camion.

charger mettre des choses sur une personne ou un véhicule

kilomètre* *m.* approximativement 5/8 d'un mille

plein †vide. Ex. Le verre est vide.
Le verre est plein.

spécialement* (adv.) (adj. *spéciale* + *ment* = adv.)

équipé* préparé

transport* *m.* action de porter d'un endroit à un autre

montrer faire voir, indiquer

incolore sans couleur (comme de l'eau)

s'avancer se mettre en avant

mieux (adv. comparatif de *bien*)

goutte *f.* petite partie sphérique d'un liquide. Ex. Les gouttes de pluie.

tomber descendre †monter. Ex. La neige tombe; elle ne monte pas en l'air.

plancher *m.* surface où l'on marche dans une maison

coup *m.* Ex. Il tire avec le revolver. C'est un coup. Il tire encore une fois. C'est un deuxième coup.

au moins au minimum. Ex. Il y a au moins quatre bons camions.

passer# Ex. Il faut passer beaucoup d'examens pour être docteur.

prenons (prés. de *prendre*) accepter

seulement Ex. Vous avez deux têtes? Non, j'ai seulement une tête.

les meilleurs (adj. superlatif de *bon*)

en (pro. dont l'antécédent est *chauffeurs*)

ensemble l'un avec l'autre

perdre †trouver. Ex. Sa poche a un trou; il perd son argent.

savez (prés. de *savoir*) Ex. Savez-vous la date? —Non, je ne sais pas si c'est le 9 ou le 10 janvier.

mille 1.000 (En français on écrit 1.000; en anglais, 1,000.)

sucre *m.* Ex. Je mets du sucre dans mon café.

Maintenant En ce moment

partir s'en aller †rester ici

comprendrai (fut. de *comprendre*) trouver le sens. Ex. Il comprend le paragraphe.

3

Les Quatre Chauffeurs

O'Brien parle au groupe de chauffeurs et explique le travail. Il faut conduire un camion chargé de nitroglycérine au derrick seize, à 500 kilomètres de Las Piedras, sur des routes pleines de trous, de rochers et de virages. Il n'a pas de camions spécialement équipés pour le transport de l'explosif; ce sont des camions ordinaires. Pour montrer 5 la force explosive de la nitroglycérine, O'Brien prend un verre plein d'un liquide incolore. Toutes les têtes s'avancent pour mieux regarder. Quelques gouttes tombent sur le plancher, les tramps entendent une série de coups de revolver. O'Brien explique: «S'il y a un choc dans le camion, vous êtes au moins certains de mourir sans souffrir! Il y a 10 un examen à passer. Nous prenons seulement les meilleurs chauffeurs. C'est préférable pour nous, et pour vous aussi. Nous en voulons quatre; deux par camion. Comme précaution, les deux camions ne voyageront pas ensemble: il y aura quatre kilomètres entre les deux. La Crude n'aime pas perdre ses camions dans une explosion de dyna- 15 mite, vous savez! Chaque chauffeur aura mille dollars par voyage. Ce salaire montre bien que la nitroglycérine n'est pas du sucre! Main- tenant s'il y a des hommes qui préfèrent partir, allez, je comprendrai.»

se lèvent (prés. de *se lever*)　se mettre debout.　Ex. Il se lève.

quinzaine　approximativement quinze

suivent (prés. de *suivre*)　marcher derrière.　Ex. Le chien suit son maître.

pendant　Ex. Pendant la classe nous parlons français.

chargement *m.*　Ici, ce qu'il y a sur le camion

plateau *m.*　plate-forme d'un camion

faute *f.*　chose incorrecte

va (prés. de *aller*)

Anglais *m.*　Ex. Les Anglais sont en Angleterre; les Français sont en France.

s'arrêter　Ex. L'agent de police arrête l'auto, (il lève la main) et l'auto s'arrête.

ne... plus　Ex. J'ai cinq dollars mais je vais acheter deux livres, et puis je n'aurai plus d'argent.

prochain　l'homme qui vient après

rient (prés. de *rire*)　Ex. Je ris quand quelque chose est comique: Ha! Ha!

pendant que　en même temps que

claquer　fermer avec bruit

ne... rien　Ex. A a trois livres, B a deux crayons, C a un cahier mais D n'a rien.

aussi bien... ces hommes　et les réflexes de ces hommes aussi

rend... plus nerveux　donne de la nervosité aux chauffeurs

lit (prés. de *lire*)　Ex. Il regarde les lettres sur la page et il comprend le sens des mots; il lit la page.

engager　Ex. Ils sont des employés de la Crude maintenant: ils sont engagés.

s'en vont (prés. de *s'en aller*)　Ici, ils quittent le bureau

rappelle (prés. de *rappeler*)　Ici, faire revenir.　Ex. Il rappelle Hans qui s'en va, car il a besoin de parler avec lui.

dernier　†premier

nouvel　un autre

Deux ou trois se lèvent et quittent le bureau. La quinzaine d'hommes qui restent suivent O'Brien pour passer l'examen.

Chaque homme conduit pendant cinq minutes le camion avec un chargement de nitroglycérine imaginaire. Les autres sont derrière, sur le plateau du camion. Ils attendent la faute qui va éliminer le chauffeur. Un Anglais, qui conduit très bien, entend l'ordre: «Halte!» Il s'arrête net. O'Brien dit: «Avec de la nitroglycérine sur le plateau, vous n'existez plus. Au prochain chauffeur.» Les autres rient, pendant que l'Anglais, furieux, quitte le camion et claque la porte.

O'Brien ne dit rien. Il veut voir les qualités de chauffeur aussi bien que les réflexes de ces hommes. Le silence d'O'Brien rend les chauffeurs plus nerveux.

Après l'examen ils retournent au bureau de la Crude où O'Brien lit la liste des chauffeurs engagés: Juan Bimba, Luigi Stornatori, Johnny Mihalescu et Gérard Sturmer. Les quatre sautent de joie; les autres s'en vont. O'Brien rappelle le dernier: «Hans Smerloff! Hans, attendez! En cas d'accident vous pouvez prendre la place d'un chauffeur sans nouvel examen.»

EXERCICES

I. Répondez aux questions:

1. A qui O'Brien explique-t-il le travail?
2. Où faut-il conduire le camion?
3. O'Brien a-t-il des camions spéciaux ou ordinaires?
4. Que prend O'Brien pour montrer la force explosive?
5. Qu'est-ce que les tramps entendent quand les gouttes tombent sur le plancher?
6. Combien de chauffeurs O'Brien veut-il prendre?
7. Pourquoi les deux camions ne voyageront-ils pas ensemble?
8. Quelle sera la distance entre les deux camions?
9. Que gagnera chaque chauffeur?
10. Auriez-vous accepté ou refusé cette offre?
11. Combien d'hommes sont restés pour passer l'examen?
12. Que doit faire chaque homme pendant l'examen?
13. Que font les autres hommes pendant ce temps-là?
14. Pour quelle faute l'Anglais est-il éliminé?
15. Montrez que l'Anglais est furieux.
16. Pourquoi Juan, Luigi, Johnny et Gérard sautent-ils de joie?
17. Pourquoi O'Brien rappelle-t-il Hans Smerloff?
18. Quelle est probablement la nationalité des cinq hommes?

II. Répondez sur le modèle suivant:

® **Il conduit le camion?**
Il ne peut pas conduire le camion.

1. Il arrête le feu?
2. Il souffle sur le feu?
3. Il offre l'emploi?
4. Il attend les chauffeurs?
5. Il éteint le puits?
6. Il fait le voyage?
7. Il prend les explosifs?
8. Il vient maintenant?
9. Il boit le whisky?
10. Il part maintenant?

III. Répondez sur le modèle suivant:

® **Tu travailles aujourd'hui?**
Non, mais je travaillerai demain.

1. Tu paies aujourd'hui?
2. Tu entres aujourd'hui?
3. Tu joues aujourd'hui?
4. Tu danses aujourd'hui?
5. Tu arrêtes aujourd'hui?
6. Tu arrives aujourd'hui?
7. Tu cherches aujourd'hui?
8. Tu expliques aujourd'hui?
9. Tu voyages aujourd'hui?
10. Tu passes aujourd'hui?

IV. Répondez sur le modèle suivant:

® **Il dit quelque chose?**
Non, il ne dit rien.

1. Il prend quelque chose?
2. Il voit quelque chose?
3. Il offre quelque chose?
4. Il regarde quelque chose?
5. Il fait quelque chose?
6. Il gagne quelque chose?
7. Il perd quelque chose?
8. Il attend quelque chose?
9. Il entend quelque chose?
10. Il y a quelque chose?

V. Répondez sur le modèle suivant:

® **Tu transportes la dynamite?**
Oui, je la transporte.

1. Tu vois la lune?
2. Tu regardes la lumière?
3. Tu claques la porte?
4. Tu comprends la faute?
5. Tu lis la liste?
6. Tu gagnes la prime?
7. Tu prends la place?
8. Tu désires la prime?
9. Tu quittes la ville?
10. Tu préfères la vie?

VI. Complétez les phrases suivantes en vous servant des éléments contenus dans le texte:

1. O'Brien n'a pas de camions...
2. O'Brien prend un verre pour montrer...
3. S'il y a un choc, les hommes sont certains...
4. Comme précaution, il y aura quatre kilomètres entre...
5. Pendant l'examen chaque homme...
6. Un Anglais est éliminé parce que...
7. O'Brien veut voir les qualités de chauffeur aussi bien...
8. En cas d'accident, Hans Smerloff...

VII. Résumez le chapitre 3 en vous servant des mots suivants:

1. O'Brien, ne pas avoir, camions, équipés, transport, explosif.
2. Quand, gouttes, nitroglycérine, tomber, plancher, tramps, entendre, coups de revolver.
3. Compagnie, prendre, seulement, meilleurs, chauffeurs.
4. Chaque chauffeur, mille dollars, voyage.
5. Chauffeur, conduire, camion, cinq minutes, chargement, imaginaire.
6. Anglais, s'arrêter net, quand, entendre, ordre, «Halte!»
7. Après, examen, ils, retourner, bureau, où, O'Brien, lire, liste.
8. Cas, accident, Hans, prendre, place, chauffeur, sans, nouvel examen.

fêter avoir une fête, célébrer. Ex. Le 25 décembre est une fête.

boivent (prés. de *boire*) Ex. Je ne mange pas d'eau; je la bois.

Personne ne Pas un seul homme ne

préparatif *m.* action de préparer. Ex. Avant le voyage, nous pensons aux préparatifs nécessaires.

prend (prés. de *prendre*) saisir. Ex. Il dit «Bonjour» et il prend ma main.

pince *f.*

boulon *m.*

sort (prés. de *sortir*) venir de l'intérieur

amortisseur *m.* cylindre, une machine qui neutralise les chocs. les secousses. Ex. L'auto est confortable sur la mauvaise route à cause des amortisseurs.

côté *m.*

     côté gauche   *côté droit*

4

Le Sabotage

Pour fêter leur succès les quatre chauffeurs vont au bar avec O'Brien.
Comme c'est O'Brien qui paie, ils boivent tous du whisky. Tout le
monde au bar parle de la dynamite, de la route et du salaire. Personne
ne remarque l'absence de Hans. S'il est absent, c'est parce qu'il veut
être plus sûr d'être un des quatre chauffeurs. 5

Il est toujours à la Crude. Il examine les deux camions que les
mécaniciens préparent pour le voyage. Il regarde les camions et attend.
Quand les mécaniciens quittent les camions pour discuter les préparatifs du voyage, Hans prend vite une pince, tourne un boulon:
du liquide sort d'un amortisseur. Puis il va de l'autre côté du camion 10

terminer* finir

cent 100

avoir besoin de (exp.) Ex. Il n'a pas de papier. Il a besoin de papier pour écrire.

Espagnol *m.* homme qui vient d'Espagne

Italien *m.* homme qui vient d'Italie

Roumain *m.* homme qui vient de Roumanie

Français *m.* homme qui vient de France

coucher du soleil *m.* action du soleil qui descend sous l'horizon

chaleur *f.* qualité de ce qui est chaud †froid. Ex. Une température de 100° est une grande chaleur.

diminuer* devenir plus petit †augmenter

devient (prés. de *devenir*) Ex. Un bébé devient un enfant; un enfant devient un adolescent; un adolescent devient un homme ou une femme.

instable †stable

D'ici là Jusqu'à ce moment

se reposer ne pas travailler. Ex. Quand je suis fatigué, je me repose. Il se repose au lit.

menacer* mettre en danger

peur *f.* Ex. Il tremble, il a peur en face de Frankenstein!

gagner Ex. Dans un match de football une équipe gagne et l'autre perd. Yale — 30, Brown — 28. Qui gagne?

rue *f.* Ex. Les routes traversent la France et les rues traversent Paris. Une avenue est une grande rue plantée d'arbres.

détruire démolir, mettre en ruines; (*n. f. destruction*)

mauvais †bon

neuf †vieux

famille* *f.* Ex. Le père, la mère et les enfants font une famille.

pour terminer le sabotage.   Sans liquide dans les amortisseurs, un
camion ne peut pas rouler cent kilomètres.   S'il y a un trou ou une
pierre, la nitroglycérine explosera au premier choc.   Comme ça, Hans
est sûr qu'O'Brien aura besoin d'un troisième camion et d'un chauffeur!

Au bar, Juan Bimba, l'Espagnol, Luigi Stornatori, l'Italien, Johnny 5
Mihalescu, le Roumain à la moustache, et Gérard Sturmer, le Français,
pensent tous au voyage qui va commencer dans quelques heures.
Ils attendent le coucher du soleil pour que la chaleur diminue.   La
nitroglycérine devient encore plus instable dans la chaleur du jour.
Elle fait explosion pour un oui ou pour un non.   Alors ils vont partir 10
à sept heures quinze du soir.   D'ici là ils peuvent se reposer mais c'est
impossible.   Qu'ils rient ou racontent des histoires, ils pensent tous au
danger qui menace leur vie.

La tension nerveuse monte à Las Piedras.   La peur gagne toutes les
rues de la ville.   Tout le monde sait que les deux camions vont traverser 15
la ville et transporter de la dynamite au derrick seize, à 500 kilomètres
de Las Piedras.   Ils savent tous qu'un seul petit choc peut détruire
toute la ville.   Ils savent que la route est mauvaise, très mauvaise même,
et que les camions ne sont pas neufs.   Ils savent que la Crude offre
aux chauffeurs mille dollars par voyage, ce qui indique assez le danger. 20
Il y a déjà des jeunes, des vieux, des familles qui quittent le village
avant la catastrophe.   Ils pensent revenir quand les camions seront
partis.

EXERCICES

I. Répondez aux questions:

1. Où vont les quatre hommes pour fêter leur succès?
2. Ont-ils assez d'argent pour prendre du whisky?
3. De quoi parle-t-on au bar?
4. Qu'est-ce que Hans examine à la Crude?
5. Que fait-il quand les mécaniciens sont partis?
6. Qu'est-ce qui sort de l'amortisseur?
7. Quelles seront les conséquences de ce sabotage?
8. De quoi Hans veut-il être sûr?
9. Quelle est la nationalité de Juan? de Luigi? de Johnny? de Gérard?
10. A quoi pensent-ils tous?
11. Pourquoi attendent-ils le coucher du soleil?
12. A quelle heure partiront-ils?
13. Combien de kilomètres y a-t-il jusqu'au derrick seize?
14. Pourquoi la ville a-t-elle peur?
15. Que font les familles devant le danger?
16. Quand pensent-elles revenir?

II. Répondez sur le modèle suivant:

® **Quelqu'un remarque l'absence de Hans?**
Personne ne remarque l'absence de Hans.

Quelqu'un...
1. reste dans la ville?
2. danse?
3. parle de Hans?
4. travaille?
5. part?
6. sort?
7. attend Hans?
8. voit Hans?

III. Répondez sur le modèle suivant:

Hans examine les camions. Les mécaniciens préparent les camions.
Il examine les camions que les mécaniciens préparent.

1. Hans examine les camions. Les chauffeurs vont conduire les camions.
2. Hans examine les camions. Le chef veut charger les camions.
3. Hans examine les camions. La Crude ne veut pas perdre les camions.
4. Hans examine les camions. La nitroglycérine peut détruire les camions.
5. Hans examine les camions. Le danger menace les camions.

IV. Répondez sur le modèle suivant:

®   **Les camions vont traverser la ville. Tout le monde le sait.**
Tout le monde sait que les camions vont traverser la ville.

    1. Le voyage est difficile. Vous le savez.
    2. Le chargement explose facilement. Vous le comprenez.
    3. La route est mauvaise. Les chauffeurs le savent.
    4. Il y a un examen à passer. O'Brien le dit.
    5. Le travail est dangereux. Les hauts salaires l'indiquent.

V. Répondez sur le modèle suivant:

®   **Les camions ne sont pas partis. Ils pensent revenir?**
Ils pensent revenir quand les camions seront partis.

    1. Les hommes ne sont pas arrivés. Ils pensent revenir?
    2. Les camions ne sont pas sortis de la ville. Ils pensent revenir?
    3. Les hommes ne sont pas montés dans leurs camions. Ils pensent revenir?
    4. Toutes les précautions ne sont pas prises. Ils pensent revenir?
    5. Les puits ne sont pas éteints. Ils pensent revenir?

VI. Complétez les phrases suivantes en vous servant des éléments contenus dans le texte:

    1. Les quatre chauffeurs boivent du whisky parce que c'est O'Brien...
    2. Hans est absent parce qu'il veut être sûr...
    3. Pour faire son sabotage, Hans...
    4. Les chauffeurs attendent le coucher du soleil pour que...
    5. Ils ne peuvent pas se reposer avant sept heures parce que...
    6. La peur gagne la ville parce que tout le monde sait que...
    7. Les familles pensent revenir à Las Piedras quand...

VII. Résumez le chapitre 4 en vous servant des mots suivants:

    1. Pour, fêter, succès, chauffeurs, aller, bar, où, boire, whisky.
    2. Hans, absent, parce que, vouloir être, plus sûr, être, un, quatre chauffeurs.
    3. Hans, examiner, deux camions, que, mécaniciens, préparer, pour, voyage.
    4. Sans liquide, dans, amortisseurs, camion, ne pas pouvoir rouler longtemps.
    5. Chauffeurs, attendre, coucher, soleil, parce que, explosif, devenir encore plus instable, chaleur, jour.
    6. Tout, monde, savoir, que, camions, aller traverser, ville, et que, seul petit choc, pouvoir, tout détruire.

fût *m.*   tonneau

solidement*   bien

lier   attacher avec une corde

rempli   †plein. Ex. Il y a beaucoup d'eau dans le vase. Il est rempli. Il n'y a rien dans le verre. Il est vide.

ballotter   se mettre en mouvement

couverture *f.*   Ex. Sur un lit il y a deux draps blancs et une couverture chaude.

peint (prés. de *peindre*)   Ex. On peint un mur avec de la peinture.

habiter   Ex. Habitez-vous Paris ? Oui, mon appartement est à Paris.

s'installer   se mettre

emporter   partir avec

allumette *f.*

   Ex. L'allumette allume la pipe.

sucre (*m.*) **en morceaux**   sucre en forme de cube

biscuit* *m.*   sorte de pain dur pour le voyage

café (*m.*) **glacé**   café froid avec de la glace

prêt   préparé

tour *m.*   moment

marcher#   fonctionner

sinon   †si oui

appuyer   presser sur. Ex. Le professeur appuie sur la table en parlant.

démarreur *m.*   contact pour mettre le moteur en marche

clef *f.*

tableau *m.*   endroit où il y a les instruments du camion

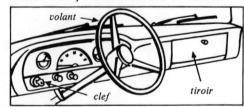

Mets (impér. de *mettre*)   introduire. Ex. Je mets du liquide dans un verre.

jus *m.* (fam.)   l'électricité

ronfler   faire un bruit en dormant. Ex. Z-Z-Z-Z-Z

embrayer   établir le contact entre le moteur qui tourne et les roues

5

Le Départ

A sept heures du soir les chauffeurs regardent les camions avec O'Brien. Ils examinent le moteur et le chargement de nitroglycérine. Il est en fûts solidement liés au plateau. Chaque fût est tout rempli. Il y a moins de chance que la nitroglycérine ballotte alors. Sous les fûts, il y a plusieurs couvertures de coton pour les chocs. Tout est peint en 5 rouge, pour annoncer le danger. Il y a aussi une sirène pour traverser les régions habitées. Avant le départ les chauffeurs examinent tous la suspension sous le camion.

Ensuite ils s'installent dans les cabines. Ils emportent des provisions indispensables: cigarettes, allumettes, sucre en morceaux, quelques 10 biscuits, deux thermos avec du café glacé très fort. Enfin prêts à partir, Juan Bimba et Luigi Stornatori quittent Las Piedras. Dix minutes plus tard l'autre camion attend son tour de partir. Johnny va conduire d'abord. Il n'entend plus le bruit du premier camion. Tout marche bien, c'est sûr, sinon... 15

Le Roumain appuie sur le bouton noir du démarreur. Le moteur ne tourne pas. Encore une fois. Rien. Gérard tourne une clef au tableau et dit: «Mets le jus, ça marchera mieux.» Johnny ne rit pas; il a trop peur. Il recommence. Cette fois le moteur ronfle. Johnny commence très, très lentement à lever le pied gauche pour embrayer.

avoir peur   Ex. Il tremble, il a peur de tomber.

tellement   si, tant

point (*m.*) **sensible**   l'endroit où l'embrayage commence

se mettre en route (exp.)   commencer à rouler

hurler#   crier très fort comme un chien ou un loup

chasser   faire partir

amitié *f.*   état d'être ami, affection

chance# *f.*   Ex. — Je vais passer mon examen maintenant.
    — Bonne chance!

O'Brien, les mécaniciens, Gérard et Johnny attendent le départ mais
le camion ne bouge pas. Le pied de Johnny se lève toujours. Il a
tellement peur que toute la jambe gauche tremble. Au plus haut point
Johnny trouve le point sensible de l'embrayage. Le camion se met
lentement en route, comme un train de nuit de haut luxe. Il roule 5
très lentement, dans la rue principale de Las Piedras. La sirène hurle.

Les rues sont désertées. La peur a chassé les habitants. Devant le
bar il y a un petit groupe d'amis qui lèvent silencieusement la main en
signe d'amitié.   Un homme crie: «Bonne chance et bon retour.»
C'est Hans.   10

EXERCICES

I. Répondez aux questions:

1. Qu'est-ce que les chauffeurs examinent avant le départ?
2. Dans quoi se trouve la nitroglycérine?
3. Pourquoi la nitroglycérine ne ballotte-t-elle pas?
4. Qu'est-ce qu'on a mis sous les fûts?
5. Pourquoi les camions sont-ils peints en rouge?
6. Quelles sont les provisions que les hommes emportent?
7. Quel camion part d'abord?
8. Quand partira le second camion?
9. Qui va conduire d'abord, Johnny ou Gérard?
10. Sur quel bouton le chauffeur appuie-t-il?
11. Pourquoi le moteur ne tourne-t-il pas?
12. Que fait Johnny pour embrayer?
13. Que fait sa jambe?
14. Comment le camion se met-il en route?
15. Comment le camion signale-t-il le danger dans les rues de Las Piedras?
16. Que font les amis devant le bar?
17. Que crie Hans?

II. Répondez sur le modèle suivant:

® **Le pied de Johnny se lève?**
Oui, le pied de Johnny se lève toujours.

1. La jambe gauche tremble?
2. Le moteur tourne?
3. La sirène hurle?
4. Le camion avance?
5. Johnny a peur?
6. Il attend l'explosion?
7. Il fait chaud?
8. Les rues sont désertées?
9. Johnny veut partir?
10. Il pense au danger?

III. Répondez sur le modèle suivant:

® **Il entend toujours le bruit du camion?**
Non, il n'entend plus le bruit du camion.

1. Bimba et Luigi sont toujours là?
2. O'Brien réfléchit toujours?
3. Il regarde toujours le coucher du soleil?
4. Les hommes du derrick travaillent toujours?

5. Ils pensent toujours aux plaisirs?
6. Les pompes marchent toujours?
7. Le tube tourne toujours?
8. Les moteurs ronflent toujours?
9. Les derricks tremblent toujours?
10. Le pied de Johnny se lève toujours?

IV. Répondez sur le modèle suivant:

® **Johnny a peur. Toute la jambe gauche tremble.**
Johnny a tellement peur que toute la jambe gauche tremble.

1. Johnny est malade. Il tremble.
2. Johnny est nerveux. Il ne peut pas démarrer.
3. Johnny pense au danger. Il oublie la clef du démarreur.
4. Johnny tremble. Il conduit mal.
5. Johnny conduit mal. Le camion va sauter.
6. Il fait chaud. La dynamite risque d'exploser.
7. La sirène hurle. Elle fait peur.
8. Les habitants ont peur. Ils désertent la ville.
9. Hans est diabolique. Il crie: «Bonne chance.»
10. Le voyage est dangereux. Hans est sûr de partir.

V. Complétez les phrases suivantes en vous servant des éléments contenus dans le texte.

1. Si le fût est tout rempli, il y a moins de chance que...
2. Pour annoncer le danger, le camion est peint...
3. Johnny appuie sur le démarreur mais...
4. Pour embrayer, il...
5. Il a tellement peur que...
6. Les rues sont désertées parce que...

VI. Résumez le chapitre 5 en vous servant des mots suivants:

1. Chargement, nitroglycérine, être, fûts, liés, plateau.
2. Chaque, fût, tout rempli, parce que, y avoir, moins, danger, que, nitroglycérine, ballotter.
3. Chauffeurs, emporter, cigarettes, sucre, morceaux, thermos, café glacé.
4. Johnny, appuyer, sur, bouton, mais, moteur, ne pas tourner.
5. Plus haut point, Johnny, trouver, point sensible, embrayage.
6. Camion, se mettre, lentement, en route, comme, train de luxe.
7. Rues, désertées, parce que, peur, avoir, chassé, habitants.

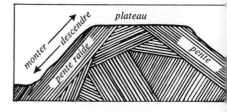

Le K.B. 7 C'est-à-dire, le camion K.B. 7

quart (*m.*) **d'heure** quinze minutes

avant †après

monter †descendre

pente *f.* inclinaison. Voir dessin.

mènent (prés. de *mener*) conduire. Ex. Le père prend la main de sa fille; il la mène
à l'école.

plateau *m.* Voir dessin pour *pente.*

gronder réprimander. Ex. Le professeur gronde l'élève paresseux.

lentement †vite

suit (prés de *suivre*) marcher derrière quelqu'un ou derrière quelque chose. Ex.
Le chien suit son maître. Le maître suit la route.

courbe *f.* endroit où la route fait un tournant

lui Ex. Johnny est plus sûr de Johnny, c'est-à-dire, de lui-même.

là présente: elle est présente

dort (prés. de *dormir*) se reposer la nuit. Ex. Je dors huit heures la nuit.

sauter bondir. Ex. Le lapin saute, mais le kangourou saute plus loin.

duper attraper par surprise

raide Voir dessin pour *pente.*

ligne droite *f.* ligne sans courbe. Ex. La route la plus courte entre deux villes est une
ligne droite.

faire un demi-tour faire une demie révolution

épingle (*f.*) **à cheveux**

prendre un virage tourner dans une courbe

6

Les Trois Virages

Le K.B. 7 quitte Las Piedras et roule pendant un quart d'heure avant de commencer à monter. Des pentes mènent au plateau de Zulaco. Le moteur gronde et le gros camion monte lentement la pente, suit les courbes et continue toujours. Johnny, plus sûr de lui, conduit mieux à présent. Il demande du café, mais ne le boit pas. 5 Il a trop peur.

La peur est là. Elle attend derrière les deux hommes comme un tigre qui dort d'un œil. Elle est là, prête à sauter. Mais si l'explosif saute le premier, la peur sera dupée; elle arrivera trop tard. Johnny, Gérard, le camion et la nitroglycérine seront pulvérisés. 10

Le K.B. commence à marcher avec difficulté. La pente est plus raide. Quand la route ne peut plus monter en ligne droite, elle fait un demi-tour. Ces virages en épingle à cheveux sont bien difficiles à prendre. Il y a juste assez d'espace entre le précipice et la montagne

phare *m.*   lampe du camion

Tout à coup   Soudainement

arrêter   stopper

si   tellement

disparaît (prés. de *disparaître*)   cesser d'être visible.   Ex. Au printemps la neige
disparaît.

étonné   stupéfait

Pas de   Il n'y a pas de

cracher   faire sortir de la bouche.   Ex. Les canons crachent du feu.

se mettre à (exp.)   Ex. Gérard prend la place de Johnny.

volant *m.*   Voir dessin à la page 26.

mouillé   couvert d'eau, humide.   Ex. Pierre marche sous la pluie.   Il est mouillé
maintenant.

sueur *f.*   eau salée qui sort du corps quand on a très chaud

banquette *f.*   Ex. On s'assied sur une banquette dans un camion ou dans une auto.

s'en est allé (passé composé de *s'en aller*)   disparaître

y   là. Ici, dans le virage

court (prés. de *courir*)   tourner très vite

droit   directement

tirer   faire venir.   Ex. Ils tirent

quelques   un petit nombre

centimètre* *m.*   petite distance.   Ex. Il y a cent centimètres dans un mètre.

sens *m.*   direction

retrouver   retourner sur, trouver encore une fois

fort   vite

loin   à grande distance.   Ex. Quand je suis sur une montagne, je vois loin.

respirer   faire entrer de l'air dans le corps.   Ex. Je respire le bon air de la montagne.

au bord de   Ex. Il y a des arbres au bord de la route.

lâche *m.*   homme sans courage

crise (*f.*) **de nerfs**   très grande excitation
des nerfs

cou *m.*   partie du corps entre la tête et la
poitrine.   Voir dessin à la page 74.

Reprends (impér. de *reprendre*)   prendre
encore une fois

pour faire tourner le long camion. Les phares illuminent le premier
virage. Tout à coup, Johnny arrête le camion. Il a si peur qu'il ne
peut plus conduire. Il ouvre la porte, saute sur la route et disparaît.
Gérard regarde, étonné. Il appelle. Pas de réponse. Il cherche Johnny
avec le phare mobile mais il ne le voit pas. Gérard ne dit rien. Il 5
crache par la fenêtre. Quel camarade!

Il se met à la place de Johnny. Le volant entre ses mains est aussi
mouillé de sueur que la banquette derrière son dos. Il étudie tout le
virage avec le phare mobile. Il comprend pourquoi Johnny s'en est
allé. Peut-être y a-t-il assez de place pour passer entre le mur de la 10
montagne et le précipice!

Il touche le démarreur. Le moteur ronfle et le camion avance vers
le virage. Quand il y arrive, Gérard accélère. Le volant court entre
ses mains. Le camion tourne. Il va droit sur le mur de la montagne.
Gérard tire sur le volant. Un peu plus... encore un peu... Le mur de 15
la montagne est très près. Les roues sont tournées au maximum à
quelques centimètres du mur, puis elles montent la pente dans l'autre
sens. C'est fait. Le virage est pris.

Le camion retrouve une pente normale; le moteur tourne trop fort
pour la vitesse. Il met en seconde, puis en troisième. Cent mètres plus 20
loin, le deuxième virage et après, le dernier. Gérard respire!

Un peu plus loin, il voit Johnny au bord de la route. Gérard s'arrête
et crie: «Je n'aime pas les lâches, les crises de nerfs. Si tu viens avec
moi maintenant, tu vas m'obéir. Si tu ne fais pas ce que je demande,
je t'abandonne. Adieu argent et voyage.   25

—J'ai peur, Gérard. Pas toi? Tu ne la sens pas sur ton cou, dans
ton dos? Mais je vais faire un effort.

—Bon! Reprends le volant.»

Johnny obéit et monte dans la cabine. Il regarde le tableau de bord.
Trente-quatre kilomètres en deux heures. Faut-il deux nuits pour 30
arriver au derrick seize?

EXERCICES

I. Répondez aux questions:

1. Est-ce que la route monte ou descend un quart d'heure après le départ?
2. Où mène la pente?
3. Johnny conduit-il mieux ou plus mal?
4. Pourquoi ne boit-il pas le café qu'il a demandé?
5. Qu'est-ce qui sera pulvérisé en cas d'explosion?
6. Le camion monte-t-il lentement ou vite quand la pente est raide?
7. Comment appelle-t-on des virages difficiles à prendre?
8. Le camion a-t-il assez d'espace pour prendre les virages?
9. Pourquoi Johnny arrête-t-il tout à coup le camion?
10. Que fait Johnny?
11. Comment Gérard cherche-t-il Johnny?
12. Crache-t-il par la fenêtre à cause d'une cigarette ou à cause de Johnny?
13. A quelle place se met alors Gérard?
14. Que fait-il avec le phare mobile?
15. Le volant tourne-t-il vite ou lentement entre les mains de Gérard?
16. Quelle distance y a-t-il entre les roues et le bord de la route?
17. Combien de virages y a-t-il encore à prendre après le premier?
18. Que dit Gérard à Johnny en le voyant au bord de la route?
19. Qui va commander après cet incident, Johnny ou Gérard?
20. Combien de kilomètres les deux hommes ont-ils faits en deux heures?

II. Répondez sur le modèle suivant:

® **Gérard ne boit pas le café.**
Il ne le boit pas.

1. Gérard ne prend pas le virage.
2. Gérard ne quitte pas le volant.
3. Gérard ne voit pas Johnny.
4. Gérard ne cherche pas Johnny.
5. Gérard ne sent pas le danger.
6. Gérard ne voit pas le virage.

III. Répondez sur le modèle suivant:

®   Il arrive au virage ?
      Oui, il y arrive.

1. Il arrive à la cabine ?
2. Il monte dans la cabine ?
3. Il est au volant ?
4. Il passe au précipice ?

5. Il va au derrick seize ?
6. Il mange dans la cabine ?
7. Il dort dans la cabine ?
8. Il fume dans la cabine ?

IV. Répondez sur le modèle suivant:

®   Vous arrivez au virage ?
      Non, je n'y arrive pas.

1. Vous arrivez au précipice ?
2. Vous montez sur le plateau ?
3. Vous pensez au danger ?
4. Vous passez par Las Piedras ?
5. Vous allez au derrick quinze ?
6. Vous mangez sur la route ?
7. Vous fumez près du pétrole ?
8. Vous dormez au volant ?

V. Répondez sur le modèle suivant:

      Vous arrivez au virage ?
      Oui, nous y arrivons.

1. Vous arrivez à la cabine ?
2. Vous montez dans la cabine ?
3. Vous montez sur le plateau ?
4. Vous passez au virage ?
5. Vous allez au derrick seize ?
6. Vous mangez dans la cabine ?
7. Vous dormez dans la cabine ?
8. Vous fumez dans la cabine ?

VI. Répondez sur le modèle suivant:

®   J'arrive au virage ?
      Oui, tu y arrives.

1. J'arrive à la cabine ?
2. Je monte dans la cabine ?
3. Je suis au volant ?
4. Je passe au précipice ?

5. Je vais au derrick seize ?
6. Je mange dans la cabine ?
7. Je dors dans la cabine ?
8. Je fume dans la cabine ?

VII. Répondez sur le modèle suivant:

Il arrive au derrick ?
Non, il n'y arrive pas.

1. Il arrive à Las Piedras ?
2. Il va au derrick dix-sept ?
3. Il tombe dans le précipice ?
4. Il pense au danger ?

5. Il monte sur le camion ?
6. Il dort au volant ?
7. Il boit sur la route ?
8. Il fume sur la route ?

VIII. Répondez sur le modèle suivant:

®   **Il s'arrête au bord ?**
          Oui, il s'y arrête.

1. Il se met à la place de Johnny ?
2. Il s'installe au volant ?
3. Il s'assied au volant ?
4. Il se couche sur la banquette ?
5. Il s'amuse à Las Piedras ?
6. Il se repose dans la cabine ?

IX. Répondez sur le modèle suivant:

®   **Il s'arrête au bord ?**
          Non, il ne s'y arrête pas.

1. Il se met à la place de Gérard ?
2. Il s'installe au volant ?
3. Il s'assied au volant ?
4. Il se couche sur la route ?
5. Il s'amuse sur la route ?
6. Il se repose sur la route ?

X. Répondez sur le modèle suivant:

Le démarreur sera touché par Gérard.
Gérard touchera le démarreur.

1. Le camion sera arrêté par Gérard.
2. Le virage sera illuminé par le phare.
3. Johnny sera abandonné par Gérard.
4. La cigarette sera fumée par Gérard.
5. La route sera suivie par le camion.
6. Un effort spécial sera fait par Johnny.
7. Gérard sera compris par Johnny.
8. L'explosion sera entendue par O'Brien.

XI. Répondez sur le modèle suivant:

Le volant est mouillé; la banquette aussi.
Le volant est aussi mouillé que la banquette.

1. Le premier virage est difficile; les autres aussi.
2. La première pente est raide; la deuxième aussi.
3. La peur est féroce; un tigre aussi.
4. Le camion est docile; un animal domestique aussi.
5. Un bon camion est indispensable; un bon chauffeur aussi.
6. Le café glacé est bon; le thé glacé aussi.
7. Hans est sûr de partir; les quatre chauffeurs aussi.
8. L'explosion est forte; une éruption aussi.
9. La route est désertée; les rues de la ville aussi.
10. Le précipice est dangereux; la dynamite aussi.

XII. Résumez le chapitre 6 en vous servant des mots suivants:

1. Camion, commencer, monter, pente, qui, mener, plateau de Zulaco.
2. Peur, attendre, derrière, deux hommes, prête, sauter.
3. Virages, épingles, cheveux, être difficiles, prendre, parce que, y avoir juste, assez, espace.
4. Johnny, avoir si peur, que, il, ouvrir, porte, sauter, sur, route, et, disparaître.
5. Gérard, se mettre, place, Johnny, et, prendre, trois virages.
6. Johnny, dire, que, il, obéir, à, Gérard et, que, il, faire, tout ce que, il, demander.

sommet* *m.* point le plus haut de la montagne

colline *f.* petite montagne

sortie *f.* Ici, fin

ciment* *m.* substance dure comme la pierre grise. Ex. Certaines routes sont faites de ciment.

piste *f.* chemin rudimentaire

bosse *f.* colline en miniature
Ex. Cette route a des bosses.
Cette route est plate.

se laisser se permettre

surprendre prendre par surprise

freiner Ex. Le chauffeur arrête la voiture avec le frein. Il freine.

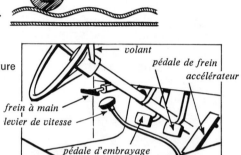

volant
pédale de frein
accélérateur
frein à main
levier de vitesse
pédale d'embrayage
et de debrayage

se passer arriver, se produire. Ex. Qu'est-ce qui se passe ici? Oh, oh! Il y a un accident.

sentir avoir l'idée de quelque chose par les sens. Ex. Je sens l'arôme du café avec le nez.

fou de terreur dans une terreur extrême

puante à l'odeur désagréable

roue (*f*.) avant gauche

chauffer devenir chaud

clef anglaise *f.*

lampe électrique *f.*

tiroir *m.* partie mobile d'un meuble où l'on peut mettre des objets

Couché Ex. Il est sous le camion, couché sur le dos.

goupille *f.* petit morceau de métal qui sert à fermer. Voir dessin de l'amortisseur.

amortisseur *m.* machine qui neutralise les chocs, les secousses

jeter Ex. Jean jette la balle à Georges qui l'attrape.

tube *m.* cylindre. Voir dessin de l'amortisseur.

poussière *f.* terre changée en poudre

tube

outil *m.* instrument de travail.
Ex. Voici des outils:

liquide

goupille

7

La Fumée

Au sommet d'une colline à la sortie d'un virage, le ciment s'arrête. La route continue mais c'est une piste en terre avec des trous et des bosses. Johnny s'est laissé surprendre. Il freine brutalement sans penser à la dynamite. Gérard le regarde. Rien ne se passe. Pas encore... A présent le camion roule très lentement parce que la route 5 est mauvaise.

Tout à coup les deux hommes sentent une odeur de brûlé. Stop. Johnny est fou de terreur. Gérard descend vite de la cabine; il voit un peu de fumée blanche et puante à la roue avant gauche.

«Eh, Johnny. Ce n'est rien. Une roue qui chauffe! Cinq minutes de 10 réparation.»

Gérard prend deux clef anglaises et une lampe électrique dans le tiroir du tableau. Couché sous le camion, Johnny l'aide. Tout à coup il remarque quelque chose: il n'y a pas de goupille à l'amortisseur.

«Eh, Gérard.»   15

Gérard jette sa cigarette et s'approche.

«Qu'est-ce qui se passe?

—Regarde de l'autre côté. Il n'y a pas de goupille à l'amortisseur?

—Oui, il y en a une.

—De ce côté-ci, elle a sauté!»   20

Gérard examine le tube de l'amortisseur. Sous la poussière il voit les traces d'un outil.

couler Ex. L'eau du Mississippi coule vers l'océan.

coffre *m.* boîte pour les outils

bouteille *f.* récipient en verre
on (sujet indéfini) Ici, «nous»
Ça va (exp.) C'est possible
ils sont en route (exp.) ils roulent sur la route

®　«C'est un sabotage. Pas de doute. Le liquide doit couler pendant
une minute!»

Les deux hommes se regardent. Pendant un instant, les voilà bons
amis. Deux contre un troisième qui veut les tuer.

«Il y a du liquide dans le coffre?　　　　　　　　　　　　　　5

—Je ne crois pas.

—Combien de liquide faut-il?

—Je ne sais pas. Une bouteille de Coca-Cola, peut-être.

—Mais on a de l'eau. Ça va aussi bien.»

Dix minutes plus tard ils sont en route: l'amortisseur est rempli et 10
la roue réparée.

EXERCICES

I. Répondez aux questions:

1. En quoi est la route de Las Piedras jusqu'au sommet de la colline ?
2. Comment est la route plus loin ?
3. Comment Johnny freine-t-il ?
4. Qu'est-ce que les deux hommes sentent tout à coup ?
5. Que voit Gérard à la roue avant ?
6. Que prend Gérard pour réparer la roue ?
7. Que remarque Johnny tout à coup ?
8. De quel côté y a-t-il une goupille à l'amortisseur ?
9. Que voit Gérard sous la poussière de l'amortisseur ?
10. Combien de liquide faut-il pour remplir un amortisseur ?
11. Avec quoi les deux hommes ont-ils rempli l'amortisseur ?
12. Pourquoi les deux hommes sont-ils amis pour un instant ?

II. Répondez sur le modèle suivant:

® **Johnny freine. Il ne pense pas à la dynamite.**
Il freine sans penser à la dynamite.

1. Johnny roule. Il ne rit pas.
2. Johnny conduit. Il ne boit pas.
3. Johnny tremble. Il ne peut pas s'arrêter.
4. Johnny descend. Il ne prend pas ses provisions.
5. Gérard le regarde descendre. Il ne comprend pas.
6. Gérard prend le volant. Il ne suit pas Johnny.
7. Gérard prend les trois virages. Il n'attend pas Johnny.
8. Gérard conduit. Il n'a pas peur.
9. Gérard roule. Il ne sent pas le danger.
10. Gérard joue avec la mort. Il ne le sait pas.

III. Répondez sur le modèle suivant:

® **Johnny aide Gérard ?**
Oui, il l'aide.

1. Johnny examine l'amortisseur ?
2. Johnny appelle Gérard ?
3. Johnny attend Gérard ?
4. Johnny oublie la peur ?
5. Johnny ouvre le tube ?
6. Il apporte la lampe ?
7. Il emporte l'outil ?
8. Il a l'eau ?
9. Il étudie la route ?
10. Il aime le café ?

IV. Répondez sur le modèle suivant:

®   Un troisième veut tuer les deux hommes ?
Un troisième veut les tuer.

1. Gérard veut prendre les outils ?
2. Il va chercher les outils ?
3. Il peut réparer les roues ?
4. Il aime sentir les bonnes odeurs ?
5. Il désire voir les traces ?
6. Les trous vont arrêter les camions ?
7. Ils peuvent voir les traces ?
8. Ils veulent gagner les primes ?
9. Il faut faire les réparations ?
10. O'Brien pense retrouver les hommes ?

V. Répondez sur le modèle suivant:

Un troisième veut tuer les deux hommes ?
Un troisième ne veut pas les tuer.

1. Gérard veut prendre les outils ?
2. Il va chercher les outils ?
3. Il peut réparer les roues ?
4. Il aime sentir les bonnes odeurs ?
5. Il désire voir les traces ?
6. Les trous vont arrêter les camions ?
7. Ils peuvent voir les traces ?
8. Ils veulent gagner les primes ?
9. Il faut faire les réparations ?
10. O'Brien pense retrouver les hommes ?

VI. Répondez sur le modèle suivant:

®   Il veut prendre les virages ?
Il ne veut pas les prendre.

1. Il veut prendre les outils ?
2. Il sait faire les réparations ?
3. Ils pourront faire les réparations ?
4. Il aime sentir les odeurs ?
5. Ils doivent changer les roues ?
6. Il faut changer les roues ?
7. Ils pourront gagner les primes facilement ?
8. Le sabotage va arrêter les hommes ?

VII. Répondez sur le modèle suivant:

®   Gérard a une goupille?
Oui, il en a une.

1. Gérard fume une cigarette?
2. Gérard voit une fumée?
3. Gérard sent une odeur?
4. Gérard prend trois virages?
5. Gérard fait une réparation?
6. Gérard prend deux clefs?
7. Gérard répare une roue?
8. Gérard jette une cigarette?
9. Gérard cherche une lampe?
10. Gérard a une lampe?

VIII. Répondez sur le modèle suivant:

®   Johnny freine. Il ne pense pas à la dynamite.
Johnny freine sans penser à la dynamite.

1. Les hommes travaillent. Ils ne pensent pas à la fatigue.
2. Les hommes travaillent. Ils ne fument pas.
3. Les hommes travaillent. Ils n'oublient pas le danger.
4. Les hommes travaillent. Ils ne boivent pas.
5. Les hommes travaillent. Ils n'attendent pas.
6. Les hommes travaillent. Ils ne perdent pas de temps.

IX. Répondez sur le modèle suivant:

®   Les hommes travaillent. Ils ne se regardent pas.
Les hommes travaillent sans se regarder.

1. Les hommes travaillent. Ils ne s'arrêtent pas.
2. Les hommes travaillent. Ils ne se reposent pas.
3. Les hommes travaillent. Ils ne s'amusent pas.
4. Les hommes travaillent. Ils ne se parlent pas.
5. Les hommes travaillent. Ils ne se quittent pas.
6. Les hommes travaillent. Ils ne se racontent pas d'histoires.
7. Les hommes travaillent. Ils ne se retournent pas.
8. Les hommes travaillent. Ils ne se font pas mal.

X. Complétez les phrases suivantes en vous servant des éléments contenus dans le texte.

    1. Johnny freine brutalement le camion parce que...

    2. Gérard descend vite de la cabine parce que...

    3. Couché sous le camion Johnny remarque que...

    4. Les deux hommes ont mis de l'eau dans l'amortisseur parce que...

XI. Résumez le chapitre 7 en vous servant des mots suivants:

    1. Johnny, se laisser surprendre, sur, piste, terre, avec, trous, et, bosses.

    2. Tout à coup, hommes, sentir, odeur, brûlé.

    3. Johnny, remarquer, que, ne pas y avoir, goupille, amortisseur.

    4. Sous, poussière, amortisseur, il, voir, traces, sabotage.

    5. Dix minutes, plus tard, amortisseur, rempli, parce que, eau, aller, aussi bien.

piège *m.*   quelque chose pour capturer un animal, etc.

à mort   mortel

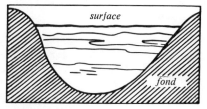

au fond

caler   s'arrêter brusquement

celles   Ici, «celles» remplace «les roues»

8

La Route

Devant le camion les trous de la route sont tous des pièges à mort;
derrière lui, tous les trous passés sont des miracles. Les phares du
camion les montrent en noir. Quand le lourd camion commence à
descendre dans un trou, le pied de Gérard quitte l'accélérateur et
touche le frein. La roue descend; encore un peu, encore, encore... 5
Quand elle est au fond du trou, il faut reprendre la pédale de droite
pour sortir du trou. Si Gérard n'accélère pas assez, le moteur cale.
Quand les roues avant ont quitté le trou, celles de derrière y descendent

tour *m.*   Ex. Je parle à mon tour: après les autres.

mer *f.*   Ex. La mer Méditerranée

visage *m.*   figure, face de l'homme

plafond *m.*   †plancher

morceau *m.*   section, partie

être en avance (exp.)   †être en retard

meilleur (adj. comparatif de *bon*)

tôle ondulée   feuille de fer en forme d'ondulations
laisser   causer
millier *m.*   approximativement mille
rigole *f.*   petit canal
quatre-vingts kilomètres   approximativement 50 milles à l'heure
touche la partie supérieure de la route

Ce qui   La chose qui
plat   sans rigoles, sans bosses, sans trous

à leur tour. Le camion change lentement de position comme un bateau
sur une mer agitée. Les hommes ne respirent pas pour le moment.
Ils ont peur tous les deux.

Les visages sont mouillés de sueur. Deux fois, Gérard s'arrête.
Il éteint les phares et se repose. Il ferme les yeux et respire; «Cigarette». 5

Après la cigarette les deux chauffeurs regardent la carte au derrick
seize. Elle est attachée au plafond de la cabine. Elle indique une vitesse
de quatre kilomètres à l'heure pour traverser ce morceau de la route.
Ils ont fait seize kilomètres en trois heures et demie. Ils sont un peu
en avance.   10

La route est meilleure à présent. Les trous sont plus rares. Mais
dans un quart d'heure, ils vont rouler sur la «tôle ondulée». C'est une
piste où la pluie a laissé des milliers de petites rigoles. Pour aller sur
une telle route sans explosion, il faut une vitesse de quatre-vingts
kilomètres à l'heure et alors le camion touche seulement la partie 15
supérieure de la route. Ce qui est difficile, c'est d'arriver à cette vitesse
sans sauter! Il faut deux cents mètres de route absolument plate.
Les trouveront-ils?

EXERCICES

I. Répondez aux questions:

1. Que doit faire le pied de Gérard quand le camion descend dans un trou?
2. Que doit-il faire pour sortir du trou?
3. Quand le moteur cale-t-il?
4. Comment sont les visages des deux hommes?
5. Comment Gérard se repose-t-il?
6. Où est attachée la carte?
7. A quelle vitesse le camion peut-il rouler sur cette partie de la route?
8. En combien de temps les hommes ont-ils fait les seize kilomètres?
9. Qu'est-ce que la «tôle ondulée»?
10. A quelle vitesse faut-il rouler sur cette tôle ondulée?
11. Comment les deux hommes peuvent-ils arriver à cette vitesse?

II. Répondez sur le modèle suivant:

® **Il faut trouver deux cents mètres de route.**
   Les trouveront-ils?

1. Il faut réparer les amortisseurs.
2. Il faut traverser les trous.
3. Il faut finir les réparations.
4. Il faut prendre les virages.
5. Il faut faire les cinq cents kilomètres.

III. Répondez sur le modèle suivant:

® **Il faut trouver le sabotage.**
   Le trouveront-ils?

1. Il faut gagner le salaire.
2. Il faut comprendre le problème.
3. Il faut conduire le camion.
4. Il faut faire le puits.
5. Il faut voir le sabotage.

IV. Répondez sur le modèle suivant:

®   **Il faut trouver la bouteille.**
     La trouveront-ils?

1. Il faut quitter la ville.
2. Il faut chercher la lampe.
3. Il faut payer la prime.
4. Il faut finir la réparation.
5. Il faut prendre la bonne route.

V. Répondez sur le modèle suivant:

®   **Il faut arrêter le feu.**
     L'arrêteront-ils?

1. Il faut oublier le danger.
2. Il faut examiner la route.
3. Il faut attacher la roue.
4. Il faur emporter l'explosif.
5. Il faut offrir la prime.

VI. Examen sur les exercices II, III, IV et V.

1. Il faut faire la réparation.
2. Il faut faire les réparations.
3. Il faut faire le puits.
4. Il faut apporter la lampe.
5. Il faut apporter les lampes.
6. Il faut apporter l'explosif.
7. Il faut traverser les trous.
8. Il faut examiner la route.
9. Il faut comprendre le problème.
10. Il faut attacher les roues.

VII. Répondez sur le modèle suivant:

®   **Les roues avant ont quitté le trou. Et les roues de derrière?**
     Celles de derrière aussi.

1. Les roues avant descendent. Et les roues de derrière?
2. Les lampes du camion sont bonnes. Et les lampes du bureau?
3. Les cigarettes de Gérard sont américaines. Et les cigarettes de Johnny?
4. L'explosion du derrick fait du bruit. Et les explosions de la dynamite?

5. Les traces de l'explosion sont visibles.   Et les traces du sabotage ?

6. Les pompes du derrick travaillent. Et les pompes du pipe-line ?

VIII. Répondez sur le modèle suivant:

®   **La peur de Johnny est grande.   Et la peur des habitants ?**
Celle des habitants aussi.

1. La fumée de la route monte. Et la fumée du feu ?
2. La clef du démarreur est petite. Et la clef de la portière ?
3. La sirène du premier camion hurle. Et la sirène de Johnny ?
4. La roue de droite descend. Et la roue de gauche ?
5. La réparation de l'amortisseur est faite. Et la réparation de la roue ?

IX. Répondez sur le modèle suivant:

Le camion de Gérard roule lentement. Et le camion de Luigi ?
Celui de Luigi aussi.

1. Le pied de Johnny pousse sur l'accélérateur. Et le pied de Gérard ?
2. Le moteur du camion tourne vite. Et le moteur de la pompe ?
3. Le chauffeur du premier camion conduit lentement. Et le chauffeur du second ?
4. Le transport de la dynamite est dangereux. Et le transport de l'explosif ?
5. Le chef du derrick seize réfléchit. Et le chef de la Crude à Las Piedras ?

X. Répondez sur le modèle suivant:

Les risques du voyage sont grands. Et les risques de l'explosion ?
Ceux de l'explosion aussi.

1. Le visage de Johnny est mouillé. Et les visages des travailleurs ?
2. Les employés de Las Piedras gagnent beaucoup. Et les employés du derrick ?
3. Le phare mobile du camion illumine la route. Et les phares de devant ?
4. Le trou devant le camion est grand. Et les trous au derrick seize ?

5. Le camion de Johnny est en bon état. Et les camions de la Crude ?

6. Les chauffeurs du camion ont peur.   Et les chauffeurs de l'autre camion ?

7. Les risques sont grands. Et les risques des autres chauffeurs ?

XI. Examen sur les exercices VII, VIII, IX et X.

1. La peur de Johnny est grande. Et la peur de Gérard ?

2. Le chauffeur du premier camion conduit lentement. Et le chauffeur du second camion ?

3. Les roues avant quittent le trou. Et les roues de derrière ?

4. Le moteur du camion tourne vite. Et le moteur de la pompe ?

5. Le chef du derrick seize réfléchit. Et le chef de la Crude ?

6. Les cigarettes de Gérard sont américaines. Et les cigarettes de Johnny ?

7. Les traces du sabotage sont visibles. Et les traces de l'explosion ?

8. La réparation de l'amortisseur est faite. Et la réparation de la roue ?

lui   Ici, à Gérard (objet indirect)

Il n'en peut plus (exp.)   Il est excessivement fatigué.

sable *m.*   Ex. Sur le bord de l'océan il y a du sable. Les enfants font des châteaux avec le sable.

démarrer   faire marcher le moteur

Vas-y! (exp.) (impér. de *aller*)   Commence! Fais-le!

Mets la gomme! (exp.)   Fais marcher le moteur au maximum!

arriver   pouvoir

Aucun   Pas de

aiguille

aiguille *f.*   Ex. Sur le cadran l'aiguille indique 36 km. à l'heure.

cadran

saut *m.*   bond. Ex. Le chat attrape la souris en trois sauts.

9

La Faiblesse

Les yeux de Gérard brûlent. Son dos lui fait mal. Il conduit depuis trois heures. Il n'en peut plus. Johnny est obligé de conduire maintenant. C'est le moment de prendre la vitesse nécessaire pour la «tôle ondulée». Il n'y a pas de trous et la route est faite de sable.

Il démarre, met en seconde, puis en troisième. A trente-cinq kilo- 5 mètres il passe en quatrième. Il faut accélérer plus vite pour arriver à quatre-vingts avant les premières rigoles.

Gérard l'encourage: «Vas-y, mon vieux. C'est le moment. Mets la gomme!»

Si le camion ne va pas à quatre-vingts à l'heure, ils sont certains de 10 sauter. La peur paralyse le pied de Johnny. Quarante-cinq à l'heure. Il n'arrive pas à accélérer. Le tôle ondulée à cette vitesse—c'est la mort.

«Passe en cinquième. Tu as encore dix secondes. Vas-y!» ordonne Gérard. Aucun résultat. L'autre ne peut pas se décider à presser sur l'accélérateur. Tout à coup Johnny commence à arrêter le camion. 15 Il passe de la quatrième en troisième, de la troisième en seconde. L'aiguille descend en trois sauts. Johnny fait une petite grimace d'excuse.

Gérard dit calmement: «Arrête-toi un moment.»

Docile, Johnny s'arrête au bord de la piste. Il tourne lentement la 20 tête vers Gérard.

Je n'y arriverai pas. (exp.) Je ne pourrai pas faire ça.
toucher cet argent (exp.)   recevoir, avoir

malade   †sain. Ex. Il a la pneumonie; il est très malade.

reculer   †avancer

éclairer   donner de la lumière
bout *m.*   extrémité. Ex. Il a lu le livre d'un bout à l'autre.
lancer   faire avancer avec force

«Je n'y arriverai pas. J'ai peur. Tu comprends, je ne veux pas avoir peur. Je veux terminer ce voyage, toucher cet argent, sortir de ce pays. Je n'abandonne pas.

—Tu n'abandonnes pas mais tu me laisses tout le travail parce que tu as peur. ⁵

—Oui, j'ai peur. Je suis malade de peur. Qu'est-ce qu'on va faire?»

Ils mettent beaucoup de temps pour trouver la solution. Ce qui est sûr, c'est qu'ils ne peuvent pas continuer à rouler à trente à l'heure.

«Ecoute, Johnny. Je vais reculer jusqu'à la limite du sable. Tu me guideras. ¹⁰

—Mais...

—Non. C'est moi qui conduirai d'abord. Tu conduiras après.»

Gérard monte dans le camion et commence à reculer. Johnny éclaire la route avec une lampe électrique. Docile, le camion arrive au bout du sable. Le moment est venu. Gérard lance le camion en ¹⁵ avant vers la tôle ondulée.

EXERCICES

I. Répondez aux questions:

1. Comment sont les yeux de Gérard ?
2. Depuis combien d'heures conduit-il ?
3. Pourquoi Johnny doit-il prendre de la vitesse maintenant ?
4. La route est-elle bonne ou mauvaise ?
5. A quelle vitesse Johnny passe-t-il en quatrième ?
6. Que lui dit Gérard pour l'encourager ?
7. A quelle vitesse doit rouler le camion avant d'arriver à la «tôle ondulée» ?
8. Pourquoi Johnny ne passe-t-il pas en cinquième ?
9. Que fait-il tout à coup ?
10. Combien de sauts fait l'aiguille ?
11. Quelle sorte de grimace Johnny fait-il ?
12. Qui va conduire le camion dans ce moment difficile ?
13. Jusqu'où va-t-il reculer ?
14. Avec quoi Johnny éclaire-t-il la route ?

II. Répondez sur le modèle suivant:

Depuis combien de temps Gérard conduit-il ? Trois heures ?
Oui, il conduit depuis trois heures.

1. Depuis combien de temps roule-t-il ? Trois heures ?
2. Depuis combien de temps tient-il le volant ? Trois heures ?
3. Depuis combien de temps fume-t-il ? Une heure ?
4. Depuis combien de temps est-il fatigué ? Quatre heures ?
5. Depuis combien de temps sent-il la fatigue ? Cinq heures ?

III. Répondez sur le modèle suivant:

® **Je peux m'arrêter ?**
Oui, arrête-toi.

1. Je peux me reposer ?
2. Je peux me lever ?
3. Je peux m'amuser ?

4. Je peux m'installer ?
5. Je peux me coucher ?
6. Je peux me préparer ?
7. Je peux me retourner ?
8. Je peux m'approcher ?
9. Je peux m'en aller ?
10. Je peux m'asseoir ?

IV. Répondez sur le modèle suivant:

®   **Qui conduira d'abord ?**
    C'est lui qui conduira d'abord.

1. Qui parlera d'abord ?
2. Qui partira d'abord ?
3. Qui arrivera d'abord ?
4. Qui commencera d'abord ?
5. Qui ira d'abord ?

V. Répondez sur le modèle suivant:

®   **Qui conduira d'abord ?**
    C'est moi qui conduirai d'abord.

1. Qui parlera d'abord ?
2. Qui partira d'abord ?
3. Qui arrivera d'abord ?
4. Qui commencera d'abord ?
5. Qui ira d'abord ?

VI. Répondez sur le modèle suivant:

®   **Il ne faut pas faire ce travail ?**
    Qu'est-ce qu'on va faire alors ?

Il ne faut pas...   1. fumer les cigarettes de Luigi ?
                    2. manger ce pain ?
                    3. boire ce café ?
                    4. dire cela ?
                    5. raconter cette histoire ?

VII. Répondez sur le modèle suivant:

Il prend le virage.
Il se décide à prendre le virage.

1. Il répare la roue.
2. Il accélère.
3. Il démarre.
4. Il traverse le trou.
5. Il éteint le feu.
6. Il attend.

VIII. Répondez sur le modèle suivant:

Il prend le virage.
Il décide de prendre le virage.

1. Il répare la roue.
2. Il accélère.
3. Il démarre.
4. Il traverse le trou.
5. Il éteint le feu.
6. Il attend.

IX. Répondez sur le modèle suivant:

®   **Il faut mettre la gomme.**
Mets la gomme!

1. Il faut faire attention.
2. Il faut passer en cinquième.
3. Il faut conduire plus vite.
4. Il faut prendre de la vitesse.
5. Il faut suivre la route.
6. Il faut sortir de ce pays.
7. Il faut reprendre le volant.
8. Il faut y aller.

X. Complétez les phrases suivantes en vous servant des éléments contenus dans le texte:

1. Les yeux de Gérard brûlent parce que...
2. Les deux hommes sont certains de sauter si...
3. Johnny n'abandonne pas mais il laisse à Gérard...
4. Johnny guidera Gérard pendant que le camion...

XI. Résumez le chapitre 9 en vous servant des mots suivants:

1. Yeux, Gérard, brûler, et, dos, lui, faire mal.
2. Johnny, être, obligé, prendre, vitesse, nécessaire, sur, route, faite, sable.
3. Il, démarrer, mettre, seconde, puis, troisième, et, quatrième.
4. Il, ne pas pouvoir, se décider, presser, sur, accélérateur.
5. Aiguille, descendre, et Johnny, faire, grimace, excuse.
6. Quand, moment, venu, Gérard, lancer, camion, en avant, vers, «tôle ondulée».

repartis (part. passé de *repartir*)   partir encore une fois
fixe* immobile
première première vitesse

limitateur *m.*   mécanisme pour limiter la vitesse

10

La Tôle ondulée

En avant! Les voilà repartis. Ils ont tous les deux les yeux fixes.
Gérard passe en première, puis en seconde. Le moteur ronfle. Troisième, quatrième... L'aiguille monte régulièrement: quarante-cinq,
cinquante. Il y a assez de piste pour arriver à quatre-vingts. Soixante.
La cinquième vitesse. Johnny oublie de respirer. Gérard pousse sur 5
l'accélérateur de toutes ses forces. Soixante, pas plus. Le camion
n'accélère plus! Gérard est furieux. Tout à coup il comprend: le
limitateur!

Comme cela   De cette façon

Evidemment   C'est clair

ne suffit pas (prés. de *suffire*)   ne pas être assez

appuie (prés. de *appuyer*)   pousser

sent (prés. de *sentir*)   recevoir une impression par les sens. Ex. Je sens la chaleur du soleil quand je suis sur la plage. Je sens le danger.

sembler   donner l'impression

frein (*m.*) **à main**   frein qu'on tire avec la main pour arrêter le camion. Voir dessin à la page 40.

ralentissent (prés. de **ralentir**)   †accélérer

Heureusement que   C'est une bonne chose de

Doucement   lentement, sans violence

épuisé   extrêmement fatigué, sans force

soupirer   respirer en faisant un bruit qui indique une émotion: plaisir, tristesse, nervosité

recommencer   commencer encore une fois

meurt (prés. de *mourir*)   †vivre

attraper   prendre avec force

fifille *f.*   garçon ou homme timide

hein ?   Ici, n'est-ce pas ?

sauter   ôter, enlever de force. Ex. Thomas fait sauter la chaîne de sa bicyclette pour réparer le pneu.

tuer   prendre la vie. Ex. Le soldat tue l'ennemi.

Pour prolonger la vie des camions, la Crude a mis des limitateurs sur ses camions. Comme cela les chauffeurs ne peuvent pas rouler à des vitesses exagérées. Evidemment les mécaniciens ont oublié le limitateur au départ.

Le sable finit à trente ou quarante mètres devant le camion qui ₅ roule à soixante à l'heure. Cette vitesse ne suffit pas pour la tôle ondulée. Gérard a déjà commencé à freiner. Plus fort, plus fort sur la pédale! Et cependant pas trop fort! Quand il appuie sur le frein, il sent dans son dos la masse de l'explosif. La nitroglycérine semble pousser Gérard en avant vers la mort. Il résiste de toutes ses forces. ₁₀ L'aiguille indique vingt-cinq à l'heure. Il y a encore dix ou douze mètres de sable. Il faut arrêter le camion, mais progressivement. Si Gérard l'arrête brutalement, le liquide va exploser sous le choc. Il met le frein à main. Puis il passe progressivement de la cinquième en seconde. Les freins et l'embrayage ralentissent le gros camion qui ₁₅ roule maintenant sur les premières rigoles. Les roues à l'avant ont des vibrations violentes. Heureusement qu'ils ont mis du liquide dans l'amortisseur! La partie arrière du camion ne sent pas la série de chocs. Doucement le camion roule sur la piste.

Gérard, épuisé, arrête le camion. Il allume une cigarette. Johnny ₂₀ soupire. Il ne dit rien.

«Allez, on recommence.» dit Gérard après sa cigarette.

«Non!...» Un cri inhumain. Un cri d'homme qui meurt.

Gérard l'attrape par la chemise.

«J'ai dit: on recommence. Tu entends, fifille? ₂₅

—Non, Gérard, non...»

Gérard est pâle; il tremble un peu.

«Ecoute, écoute ce que j'ai à te dire: si tu continues, je t'attache sur la nitroglycérine. Comme je suis fatigué, nous sommes sûrs de sauter tous les deux. Tu as peur, hein? Moi aussi, mon pauvre vieux. ₃₀ Mais pas comme toi.»

Ils sont retournés à leur point de départ. Là, ils font sauter le limitateur. Gérard jette la bande de métal. Brillante sous la lumière des phares et de la lune, elle est comme un petit serpent—un serpent mortel qui tue les hommes.

EXERCICES

I. Répondez aux questions:

1. Les deux hommes regardent-ils à droite et à gauche ?
2. A quelle vitesse Johnny oublie-t-il de respirer ?
3. Comment Gérard accélère-t-il ?
4. Pourquoi est-il furieux ?
5. Que comprend-il tout à coup ?
6. Pourquoi la compagnie a-t-elle mis des limitateurs sur ses camions ?
7. Comment Gérard doit-il freiner ?
8. Qu'arrive-t-il si Gérard freine brutalement ?
9. Qu'est-ce qui ralentit le gros camion ?
10. Johnny accepte-t-il ou refuse-t-il de recommencer l'opération ?
11. Quelle menace lui fait Gérard ?
12. Qu'est-ce que les deux hommes ont fait au moteur avant de repartir ?

II. Répondez sur le modèle suivant:

® **Gérard ne freine pas ?**
Il a déjà commencé à freiner.

1. Gérard ne roule pas ?
2. Gérard ne passe pas les vitesses ?
3. Gérard ne change pas de vitesse ?
4. Gérard ne ralentit pas ?
5. Gérard ne lance pas le camion en avant ?
6. Gérard ne recule pas ?
7. Gérard n'appuie pas sur le frein ?
8. Gérard ne fait pas la réparation ?
9. Gérard ne conduit pas ?
10. Gérard ne comprend pas ?

III. Répondez sur le modèle suivant:

® **Ils viennent de mettre du liquide.**
Heureusement qu'ils ont mis du liquide.

1. Ils viennent de recommencer.
2. Ils viennent de ralentir.
3. Ils viennent de faire la réparation.
4. Ils viennent de prendre le virage.
5. Ils viennent de peindre le camion en rouge.
6. Ils viennent d'entendre la sirène.

7. Ils viennent de sentir le danger.
8. Ils viennent de comprendre.
9. Ils viennent de conduire le camion.
10. Ils viennent d'éteindre les phares.

IV. Répondez sur le modèle suivant:

®　　**Vont-ils retourner ?**
　　Ils sont déjà retournés.

1. Vont-ils entrer ?
2. Vont-ils arriver ?
3. Vont-ils partir ?
4. Vont-ils aller au derrick ?
5. Vont-ils monter ?

6. Vont-ils descendre ?
7. Vont-ils repartir ?
8. Vont-ils sortir ?
9. Vont-ils revenir ?
10. Vont-ils mourir ?

V. Répondez sur le modèle suivant:

®　　**J'ai quelque chose à te dire. Ecoute.**
　　Ecoute ce que j'ai à te dire.

1. J'ai quelque chose à la main. Prends-le.
2. J'ai dit quelque chose. Oublie-le.
3. J'ai trouvé quelque chose. Regarde.
4. J'ai ordonné quelque chose. Fais-le.
5. J'ai préparé quelque chose. Mange.
6. Je commence quelque chose. Finis.
7. J'ai commencé quelque chose. Continue.
8. Je te donne quelque chose. Jette-le.
9. Je te jette quelque chose. Attrape.
10. Je te passe quelque chose. Bois.

VI. Complétez les phrases suivantes en vous servant des éléments contenus dans le texte:

1. Quand Gérard passe en cinquième vitesse, Johnny oublie...
2. Le camion n'accélère plus parce que...
3. Il ne faut pas arrêter le camion brutalement mais...
4. Johnny est une fifille parce que...
5. La bande de métal brille comme un serpent qui...

VII. Racontez l'histoire en vous servant des indications suivantes:

Ils sont repartis; les vitesses que Gérard doit passer; l'aiguille; l'accélérateur; le camion qui refuse d'aller plus vite; le limitateur; nécessité de freiner; la tôle ondulée qui se rapproche; le frein; le frein à main; l'arrêt; la cigarette; nécessité de recommencer; refus de la «fifille»; la menace de Gérard; le limitateur qui saute.

enlevé ôté. Ex. Un homme enlève son manteau quand il entre dans la maison.
par-dessus Ex. L'oiseau vole par-dessus
les maisons.
patin *m.*

A toi (exp.) C'est ton tour

haut *m.*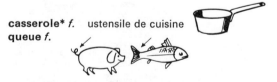

tiens (prés. de *tenir*) avoir à la main
d'accord? (exp.) n'est-ce pas?
chèque* *m.* Ex. On touche un chèque à la banque et on reçoit une certaine somme
d'argent.

casserole* *f.* ustensile de cuisine
queue *f.*

eux Ici, Gérard et Johnny
réveiller Ex. Le matin, le sergent réveille les soldats à quatre heures.
endormi (part. passé de *endormir*)
portière *f.* porte d'un camion
Qu'est-ce qu'il y a? (exp.) Ici, Que vois-tu d'extraordinaire?
frotter passer la main plusieurs fois sur un objet

11

Pompe 7

® Le limitateur enlevé, le K.B. prend régulièrement de la vitesse. A
quatre-vingts kilomètres le camion semble voler par-dessus la tôle
ondulée. C'est comme un patin sur la glace. Il n'y a plus de vibrations.
Gérard sent la fatigue sur ses épaules. Bien vite le sommeil commence
à fermer ses yeux.   5

«Johnny! Eh! Johnny...
—Hein?
—A toi, maintenant. A toi le volant.»
Naturellement Johnny n'est pas enthousiaste. Changer de place
à quatre-vingts, avec de la dynamite derrière? Impossible! Mais 10
Gérard insiste:

«Mets ton pied sur le haut de l'accélérateur, moi, j'appuie par en
bas. Je tiens le volant. Quand tu seras à ma place, tu le prendras,
d'accord?»

Un moment après, Johnny est au volant. Où court-il? Après un 15
chèque ou après sa mort? Comme un chien avec une casserole à la
queue. Une casserole avec un explosif.

Une heure plus tard il voit de la poussière sur la route. Il y a sûrement quelque chose devant eux. Quelque chose d'assez gros qui ne
roule pas trop vite: le nuage n'est pas très haut. Johnny réveille Gérard 20
endormi contre la portière.

«Qu'est-ce qu'il y a?» demande le Français en se frottant les yeux.
Il remarque la poussière et quelque chose de rouge à l'horizon.

«C'est Luigi qui est devant. Il roule très lentement.»

Juste#   Exactement

écraser   exercer une forte pression. Ex. Le dictateur écrase la révolte.

maintiennent (prés. de *maintenir**)

tenir   Ici, continuer à rouler à cette vitesse
Tout est là.   C'est la bonne solution.
il y aura (fut. de *il y a*)
étroit   †large
rouler de front   aller dans la même direction,
  l'un à côté de l'autre
encore   Ici, qui restent
lueur *f.*   lumière faible
se rapprocher   venir plus près
éteint (part. passé de *éteindre*)   †allumer
ne... jamais   à aucun moment   †toujours. Ex. Un bon élève travaille toujours; un
  mauvais élève ne travaille jamais.

Johnny a peur de cet obstacle. Il oublie l'accélérateur; la vitesse
tombe dangereusement. Juste ce qu'il ne faut pas faire. Gérard
écrase le pied de Johnny au plancher.

«Laisse-moi conduire», dit-il. Il prend rapidement la place du
chauffeur. Gérard passe la tête à la portière pour se réveiller au vent 5
et pour étudier la route.

«Tu sais où nous sommes exactement, toi?

—Nous avons passé la pompe sept il y a plus de cinq minutes.»
C'est vrai, il y a les pompes. Elles maintiennent une pression constante
dans les pipe-lines des derricks à Las Piedras. La pompe sept est bien 10
loin du prochain village, Los Totumos.

Quatre-vingts. Il faut tenir le quatre-vingts. Tout est là. Puis,
l'obstacle. Alors il y aura une solution à trouver. Mais la route est
étroite; deux camions ne peuvent pas rouler de front. Deux minutes
encore. La lueur rouge de l'autre camion se rapproche. Gérard 15
éteint les phares pour mieux voir. La nuit tropicale n'est jamais tout

voient (prés. de *voir*)   apercevoir des yeux
guirlande* *f.*   Ex. Il y a une guirlande de fleurs sur les portraits.

ampoule *f.*

rallumer   allumer encore une fois
Il y en a bien pour cinq minutes (exp.)   Cinq minutes sont nécessaires
dessus   très près de l'autre camion
Essayer   faire des efforts
dépasser   passer devant une automobile, un camion, etc.
où (pro. relatif)   à laquelle
klaxon *m.* (du camion)   corne qui fait du bruit pour dire «Attention!»
entrer dans le jeu (exp.)   se mettre à hurler
coup *m.* son, bruit
bref*   †long
appel *m.*   action d'appeler, cri. Ex. La déclaration de guerre est un appel aux armes.
aucun   pas un. Ex. Je ne fais aucun bruit parce que j'aime le silence.
sonner   faire marcher le klaxon
morse   l'alphabet morse: · · · —

prière *f.*   action de parler à Dieu

lèvre *f.*   bord de la bouche
remuer   être en mouvement
sur leur lit de mort (exp.)   avant de mourir

tombe* *f.*   lieu où repose un mort

se détacher   Ici, monter
aveugler   rendre incapable de voir

gorge *f.*   partie du cou   *langue*   *bouche*   *gorge*   *cou*
doux   †dur
pneu *m.*   Ex. Une auto a quatre pneus.

Entre (prep.)   Ex. B est entre A et C: A, *B*, C.

entre (prés. de *entrer*)   †sortir

sans doute   probablement

grand-place *f.*   la place principale. Ex. Devant l'église il y a souvent un endroit pavé,
sans maisons, pour le marché: c'est la place.

à fait obscure: il y a trop d'étoiles. La route est absolument droite.
La première chose qu'ils voient, c'est une guirlande d'ampoules rouges
au bout de la plaine. Gérard rallume les phares.

«Nous avons le temps. Il y en a bien pour cinq minutes avant d'être
dessus.   5

—Qu'est-ce que tu vas faire?

—Essayer de les dépasser. A la vitesse où ils roulent, ils peuvent
s'arrêter, eux, et nous laisser la route à nous.»

Le klaxon entre dans le jeu. Un coup bref, un coup long, un coup
bref, la série d'appels qui dit: «Attention! Attention! Laisse-moi 10
passer!» Devant eux, à cinq cents mètres, il y a les lampes rouges; mais
ils n'entendent aucune réponse. Johnny sonne plus fort. Trois cents
mètres les séparent des autres. Deux cents. Il arrête le klaxon pour
écouter la réponse. C'est un message en morse.

«Qu'est-ce qu'il dit?» demande le Roumain.   15

«E... S... P... E... R... A... *Espera*, attendez. Il dit que c'est fini.
Saute ou fais ta prière.»

Johnny ne répond pas mais ne saute pas. Ses lèvres remuent en
silence puis il ouvre la bouche, décidé à mourir en criant.

Hurlements du klaxon. Sturmer ne ferme pas les yeux. Il est de 20
cette race d'hommes qui n'acceptent jamais; qui, sur leur lit de mort,
discutent le prix de leur tombe. Le camion de Luigi est à trente
mètres.

Juste à ce moment où c'est fini, à une seconde de la mort, un nuage
de sable se détache des roues du camion de tête et vient aveugler 25
Gérard au volant. Les lumières rouges ne se rapprochent plus. Oui...
Luigi a accéléré. La poudre de sable les prend à la gorge. Le sol est
doux sous les pneus maintenant. Le camion roule dans la crème. Puis
la nature du sol change encore. Entre deux nuages de poussière,
Gérard croit voir du ciment. Mais oui... C'est bien ça. Devant eux 30
le camion de Luigi entre dans le village de Los Totumos. Mais comment? La pompe sept est plus loin de Los Totumos que ça. Ah, non!
Celle-là était sans doute la pompe six, juste devant le ciment et Los
Totumos. Ce Johnny ne peut même pas voir les numéros sur les
pompes!   35

Devant eux le camion de Luigi entre dans le village. En arrivant sur
la grand-place, un bras fait de grands gestes à la portière. C'est Luigi
ou Bimba qui fait signe qu'il va s'arrêter.

EXERCICES

I. Répondez aux questions:

1. Comment roule le camion à quatre-vingts kilomètres à l'heure?
2. Comment se manifeste la fatigue de Gérard?
3. Pourquoi Johnny n'est-il pas enthousiaste pour changer de place?
4. Comment les deux hommes changent-ils de place?
5. Que voit Johnny sur la route une heure après?
6. Où Gérard s'est-il endormi?
7. Que fait-il en se réveillant?
8. Que voit-il à l'horizon?
9. Qu'est-ce que Johnny oublie de faire devant l'obstacle?
10. Que fait alors Gérard?
11. Pourquoi passe-t-il la tête à la portière?
12. Pourquoi y a-t-il des pompes entre les derricks et Las Piedras?
13. Qu'est-ce que Los Totumos?
14. Pour quelle raison deux camions ne peuvent-ils pas rouler de front?
15. Pourquoi Gérard éteint-il les phares?
16. Pourquoi la nuit tropicale n'est-elle jamais tout à fait obscure?
17. La route est-elle en virages ou est-elle droite?
18. Quelle est la première chose que les hommes voient au bout de la plaine?
19. Qu'est-ce que Gérard va essayer de faire en arrivant au camion de Luigi?
20. Que fait le klaxon?
21. De quelle façon Luigi répond-il?
22. Que veut dire le mot *espera*?
23. Pourquoi Johnny ouvre-t-il la bouche?
24. De quelle race d'hommes est Gérard?
25. Qu'a fait Luigi quand le camion de Gérard s'est rapproché?
26. Où arrivent bientôt les deux camions?
27. Pourquoi le bras de Luigi ou de Bimba fait-il de grands gestes?

II. Répondez sur le modèle suivant:

® **Tu es à ma place; tu prends le volant.**
Quand tu seras à ma place, tu prendras le volant.

1. L'obstacle arrive; tu freines.
2. Le camion est arrêté; tu fumes une cigarette.
3. Gérard klaxonne; les autres répondent en morse.

   4. Tu tiens le volant; je suis tranquille.
   5. Tu vois de la poussière; tu me réveilles.
   6. Gérard sent la fatigue; il donne le volant à Johnny.
   7. Il a sommeil; il laisse le volant à Johnny.
   8. Les phares sont éteints; Gérard voit mieux.
   9. La nuit descend; ils se reposent.
  10. Gérard se réveille; il prend la place de Johnny.

III. Répondez sur le modèle suivant:

®   **C'est gros?**
       Oui, c'est quelque chose de gros.

   1. C'est dangereux?   6. C'est grand?
   2. C'est long?   7. C'est haut?
   3. C'est bref?   8. C'est petit?
   4. C'est rouge?   9. C'est ondulé?
   5. C'est doux?   10. C'est violent?

IV. Répondez sur le modèle suivant:

       La roue est petite. Et le volant?
       Il est petit aussi.

   1. La route est étroite. Et le pipe-line?
   2. La carte est exacte. Et le plan?
   3. La lampe est éteinte. Et le phare?
   4. La machine est forte. Et le camion?
   5. La colline est haute. Et le derrick?
   6. Les vibrations sont violentes. Et les chocs?
   7. La réparation est faite. Et le travail?
   8. La cabine est peinte en rouge. Et le reste?
   9. Les provisions sont prêtes. Et les hommes?

V. Répondez sur le modèle suivant:

®   **Johnny ne voit pas les numéros.**
       Il ne peut même pas voir les numéros.

   1. Johnny ne démarre pas.
   2. Johnny ne conduit pas.
   3. Johnny ne lit pas la carte.
   4. Johnny ne prend pas les virages.
   5. Johnny ne fait pas la réparation.
   6. Johnny ne dort pas.
   7. Johnny n'entend pas.
   8. Johnny ne meurt pas avec courage.

VI. Répondez sur le modèle suivant:

Et les vibrations?
Il n'y a plus de vibrations.

1. Et l'obstacle?
2. Et le limitateur?
3. Et la réponse?

4. Et le danger?
5. Et les poussières?
6. Et le sable?

VII. Répondez sur le modèle suivant:

® **Gérard demande à Johnny où ils sont exactement.**
Tu sais où nous sommes exactement?

Gérard demande à Johnny...
1. où ils roulent exactement.
2. où ils arrivent.
3. où ils changent de place.
4. où ils courent.
5. où ils vont.
6. où ils peuvent changer de place.

VIII. Répondez sur le modèle suivant:

® **Qu'est-ce qu'il y a?**
Gérard demande à Johnny ce qu'il y a.

1. Qu'est-ce que tu fais?
2. Qu'est-ce que tu dis?
3. Qu'est-ce que c'est sur la route?
4. Qu'est-ce que tu regardes?

IX. Répondez sur le modèle suivant:

® **Tu sais ce que c'est?**
Gérard demande à Johnny s'il sait ce que c'est.

1. Tu vois quelque chose?
2. Tu entends le message?

3. C'est la pompe sept?
4. Nous avons le temps?

X. Répondez sur le modèle suivant:

® **Pourquoi as-tu peur?**
Gérard demande à Johnny pourquoi il a peur.

1. Pourquoi faut-il s'arrêter?
2. Pourquoi Luigi fait-il des signes?
3. Pourquoi ne conduis-tu pas plus vite?
4. Pourquoi attends-tu?

XI. Répondez sur le modèle suivant:

®   **Mets ton pied sur l'accélérateur.**
     Gérard demande à Johnny de mettre son pied sur l'accélérateur.

1. Prends le volant.   3. Réponds.
2. Conduis plus vite.   4. Fais attention.

XII. Examen sur les exercices VIII, IX, X et XI.

1. Qu'est-ce que tu entends?
2. Pourquoi Luigi fait-il signe?
3. Fais ta prière.
4. Qu'est-ce qu'il dit?
5. Nous sommes à la pompe sept?
6. Qu'est-ce que tu attends?
7. Pourquoi n'accélères-tu pas?
8. Nous pouvons nous arrêter?
9. Tiens le volant.
10. Qu'est-ce que c'est?

XIII. Complétez les phrases suivantes en vous servant des éléments contenus dans le texte:

1. Le camion est comme un patin sur la glace parce que...
2. Gérard ferme les yeux parce que...
3. Johnny n'aime pas changer de place parce que...
4. Quand Johnny sera à la place de Gérard, il...
5. Johnny court comme...
6. Johnny réveille Gérard parce que...
7. Gérard écrase le pied de Johnny parce que...
8. Les pompes servent à...
9. La route est si étroite que deux camions...
10. Il y a tellement d'étoiles que la nuit tropicale...
11. Gérard se sert de son klaxon pour dire que...
12. Johnny est décidé à mourir en criant mais Gérard...
13. Un nuage de sable aveugle Gérard au volant parce que...

XIV. Racontez l'histoire en vous servant des indications suivantes:

Pourquoi le K.B. prend de la vitesse; absence de vibrations; la fatigue de Gérard; comment changer de place; la solution; les deux pieds sur l'accélérateur; la poussière; réveil de Gérard; nouveau changement; l'obstacle qui se rapproche; la nuit tropicale; le klaxon et la réponse en morse; le nuage de sable; le ciment; Los Totumos.

vieillard *m.*   vieil homme

mouchoir *m.*   morceau d'étoffe pour le nez
disait (impf. de *dire*)
ralentir   aller plus lentement   †accélérer
Nous n'avons pas pu (passé composé de *pouvoir*)   Il ne nous a pas été possible
dynamitero *m.*   soldat espagnol qui travaille avec de la dynamite

accroché   attaché, suspendu. Ex. Le chapeau est accroché.

ceinture *f.*   bande pour tenir
   un pantalon à sa place

morceau *m.*   petite partie
tout (adv. qui donne plus de force à *autour*)
débutant *m.*   personne qui commence
en marche   Ici, qui roule
Jamais   †toujours
café* *m.*   maison où on prend du café et d'autres boissons
voix *f.*   Ex. Jeanne chante bien cet opéra. Elle a une belle voix.
Allez-vous-en! (impér. de *s'en aller*)   Partez!
diable *m.*   démon, l'ennemi de Dieu
infernal* (adj.)   diabolique
maire* *m.*   chef du village
détruit (part. passé de *détruire*)   démoli, mis en ruines
vieux (façon familière de s'adresser à un vieillard)
Prends (impér. de *prendre*)   Ici, boire
être en colère (exp.)   être furieux. Ex. Mon père est en colère quand je rentre à
   2 heures du matin.

12

Le Vieillard

Les deux K.B. s'arrêtent sur la place du village.

«Holà Bimba! Holà Luigi!

—Qu'est-ce que vous avez fait?» demande l'Italien. «Vous n'avez pas vu le mouchoir attaché à la pompe six qui vous disait de ralentir? Nous n'avons pas pu continuer à quatre-vingts, parce que l'essence 5 était impure. Le moteur ne tournait pas bien. Nous nous sommes arrêtés pour attacher le mouchoir, puis nous avons roulé lentement. Pourquoi ne l'avez-vous pas vu?

—Demande à Johnny. C'est lui qui conduisait. Moi, je dormais», dit Gérard.   10

«Quoi?» demande Bimba. «Tu dormais? Tu sais, j'ai été dynamitero pendant la guerre à Madrid. Nous avions des paquets de dynamite accrochés à la ceinture et une cigarette à la bouche pour les allumer au moment de les jeter sur les tanks ennemis. Nous jetions aussi des bouteilles de nitroglycérine et les morceaux de tanks tombaient tout 15 autour de nous. C'est pour te dire que je ne suis pas un débutant, mais dormir dans ce camion en marche? Jamais de la vie!»

Les quatre chauffeurs s'asseyent à une table au café de la place. Pendant qu'ils mangeaient, un vieillard est arrivé. Il était blanc de peur. Il a dit d'une voix tremblante: «Allez-vous-en! Emportez au 20 diable votre poudre infernale. Je suis le maire et personne ici ne veut voir le village détruit.

—Mais rien ne va sauter, vieux. Prends un verre avec nous. Nous allons repartir bientôt», dit Luigi.

Le vieux restait debout, immobile, les yeux fixes. Il était très en

repas *m.*　Ex. On prend trois repas par jour: le petit déjeuner, le déjeuner et le dîner.

dérivation# *f.*　détour
réfléchi (part. passé de *réfléchir*)　penser

qu'est-ce qui se passe? (exp.)　qu'est-ce qu'il y a?

écriteau *m.*　rectangle avec une inscription
réduite　diminuée　†augmentée

son cher village　le village qu'il aime beaucoup

attraper　saisir, prendre avec force

frapper　battre. Ex. Vous frappez à la porte avant d'entrer.

être sans connaissance (exp.)　ne pas avoir conscience. Ex. Un boxeur reste sans connaissance pendant dix secondes; l'autre est le nouveau champion.

prendre de l'avance (exp.)　partir avant

colère et il avait peur. Il continuait à dire: «Allez-vous-en! Allez-vous-en!

—Assieds-toi et bois avec nous», a répété Bimba. Après le repas, les quatre chauffeurs se sont levés.

«Vous n'allez pas traverser tout le village?» a dit le maire. «Il y a 5 une dérivation qui est meilleure que la rue principale, bien meilleure.»

Les hommes ont réfléchi. C'était seulement un détour de cinq ou six kilomètres. «D'accord, nous passerons par la dérivation.»

Luigi et Bimba partent d'abord. Il faut laisser une heure entre les deux camions pour la sécurité. Gérard attend son tour. Mais, qu'est-ce 10 qui se passe? Ce n'est pas le camion de Luigi qui revient? Pas de doute, c'est bien lui. Bimba saute par terre.

«Où est le vieux?

—Qu'est-ce qu'il y a? Qu'est-ce qu'il t'a fait?

—Regarde!» 15

Furieux, il montre à ses camarades un écriteau: «Attention! Attention! Vitesse extrêmement réduite! Danger. Attention! Attention!»

«Voilà ce qu'il m'a fait! Une route à nous faire sauter—mais loin de son cher village, vous comprenez!»

Bimba entre dans le café, les autres derrière lui. Il attrape le vieillard 20 et le frappe longtemps de toutes ses forces. Quand Bimba s'arrête, le vieillard est sans connaissance ou peut-être mort. Cela ne l'intéresse pas. Il dit entre ses dents: «Cela t'apprendra.»

Les quatre chauffeurs montent dans les deux camions et traversent lentement le village. Gérard et Johnny s'arrêtent derrière le premier 25 camion pour le laisser prendre de l'avance.

EXERCICES

I. Répondez aux questions:

1. Que disait le mouchoir attaché à la pompe?
2. Pourquoi Luigi n'a-t-il pas pu rouler à quatre-vingts?
3. Pourquoi Gérard n'a-t-il pas vu le mouchoir?
4. Où les quatre chauffeurs se sont-ils assis?
5. Qui est arrivé pendant qu'ils mangeaient?
6. Qu'est-ce que cet homme leur a dit?
7. Le vieux a-t-il accepté de prendre un verre avec eux?
8. Qu'est-ce que le maire a dit de la dérivation?
9. Quelle était la longueur de ce détour?
10. Les hommes ont-ils décidé de prendre la rue principale ou la dérivation?
11. Qu'est-ce que Bimba a montré à ses camarades en revenant?
12. Comment était la dérivation?
13. Qu'est-ce que Bimba a fait au vieillard?
14. Que font Gérard et Johnny après que les deux camions ont traversé le village?

II. Répondez sur le modèle suivant:

®   **Quand nous sommes en congé, nous n'avons pas peur.**
Quand nous étions en congé, nous n'avions pas peur.

Quand nous sommes en congé...

1. nous sommes très heureux.
2. nous restons au lit jusqu'à midi.
3. nous sortons avec des jeunes filles.
4. nous allons nager.
5. nous faisons beaucoup de bruit.
6. nous retournons à la maison le soir.
7. nous dormons beaucoup.

III. Répondez sur le modèle suivant:

®   **Pendant que Johnny conduit, Gérard dort.**
Pendant que Johnny conduisait, Gérard dormait.

Pendant que Johnny conduit, ...
1. il pense aux dangers.
2. il regarde seulement la route.
3. la nuit est calme.
4. les yeux lui font mal.

IV. Répondez sur le modèle suivant:

®   **Pendant qu'ils mangent, un vieillard arrive.**
         Pendant qu'ils mangeaient, un vieillard est arrivé.

   1. Pendant qu'ils parlent, un vieillard entre.
   2. Pendant qu'ils fument, quelqu'un ouvre la porte.
   3. Pendant qu'ils regardent la route, le vieillard part.
   4. Pendant qu'ils roulent, ils voient un écriteau.
   5. Pendant qu'ils conduisent, ils trouvent un écriteau.

V. Mettez les verbes à l'imparfait ou au passé composé.

       Pendant qu'ils mangent, on frappe à la porte.
       Pendant qu'ils mangeaient, on a frappé à la porte.

   1. C'est le maire.
   2. Il dit: «Allez-vous-en.»
   3. Bimba l'invite à boire.
   4. L'homme refuse.
   5. Il tremble de peur en parlant.
   6. Luigi et Bimba partent après le repas.
   7. Après quelques minutes, ils reviennent.
   8. Ils sont furieux.
   9. Bimba frappe le vieillard.
   10. Quand les chauffeurs quittent le village, le maire est toujours
       sans connaissance.

VI. Complétez les phrases suivantes en vous servant des éléments
    contenus dans le texte:

   1. Luigi demande à Gérard s'il...
   2. Le moteur du camion de Luigi ne tournait pas bien parce que...
   3. Gérard dormait pendant que...
   4. Pendant la guerre civile, les dynamiteros jetaient...
   5. Luigi n'est pas un débutant mais...
   6. Le maire du village a dit aux hommes de...
   7. Luigi a invité le maire à...
   8. Luigi et Bimba sont partis d'abord parce qu'il fallait...
   9. L'écriteau recommandait aux chauffeurs de...
   10. Le vieillard était sans connaissance parce que Bimba l'avait...

VII. Racontez l'histoire en vous servant des indications suivantes:

       Les explications de Luigi au sujet du mouchoir; le camion en
    difficulté; la remarque de Gérard; il dormait; la guerre civile en
    Espagne; l'arrivée du vieillard; sa peur et sa colère; la dérivation; le
    départ de Bimba et son retour; l'écriteau; ce qui arrive au vieillard.

où Ici, quand

se promener faire une promenade

fer *m*. métal noir ou gris avec lequel on fait beaucoup d'objets. Ex. La locomotive roule sur les rails de fer.

indescriptible* impossible à décrire

photographe# *m*. homme qui fait une photo

13

Rencontre
avec la mort

Les deux hommes fument en silence. Juste au moment où Gérard
ouvre la portière pour aller se promener un peu, une lueur immense
où volent des morceaux de fer illumine d'un seul coup tout un secteur
de l'horizon, puis la nuit entière. Une lumière indescriptible, blanche
comme un flash de photographe, montre chaque détail de chaque 5

feuille *f.*   Ex. Cette feuille est le symbole du Canada.

souffle *m.*   Ici, vent produit par l'explosion

suit (prés. de *suivre*)   venir après

copain *m.*   camarade, ami

heureux (adj. employé comme nom)   homme qui est content

saboter   faire du sabotage

traître* *m.*   ami qui est en réalité un ennemi. Ex. Judas.

histoire# *f.*   Ici, incident, difficulté

corps# *m.*   forme matérielle

livide*   de couleur bleu-noir. Ex. On est livide de peur.

torche# *f.*   lampe électrique

ombre *f.*   endroit où il n'y a pas de soleil.
Ex. Quand il fait chaud,
le chien se couche
à l'ombre d'un arbre.

en haut   †en bas

traverser*   passer

docilement   qui obéit

feuille sur chaque plante. Puis tout de suite après vient l'énorme bruit
de l'explosion. Puis le souffle frappe à la face les deux hommes. La
masse inerte du silence le suit.

La nitroglycérine a tué leurs copains. Va-t-elle les tuer aussi? La
mort de Luigi et de Bimba va faire des heureux à Las Piedras. A qui 5
le tour? Smerloff? Gérard voit son nom en lettres rouges. Bien sûr,
c'est lui, l'homme qui a saboté leur amortisseur! Le traître qui a dit:
«Bonne chance et bon retour!»

Ils sont repartis. Trois, quatre kilomètres sans histoires. Johnny
conduisait. Les phares n'allaient pas très loin. Le phare mobile cherche 10
l'endroit de l'explosion. L'un et l'autre, le Roumain au volant, Sturmer
qui fumait sans arrêt, ils avaient peur du moment où ils allaient trouver
le trou. Luigi et Bimba, ces hommes qui vivaient une heure avant,
qui avaient un corps comme eux, une forme, une voix... Rien n'est
resté. Pas de cadavres. Johnny était livide. Ses mains tremblaient. 15
Une ou deux fois le camion a été bien près de sauter.

«Arrête-toi une minute», dit Gérard. «On va aller voir à pied.»

Les torches à la main, tous les phares du camion allumés, ils traversent la zone de destruction. Au centre, le trou d'ombre. C'était là.
Pas profond: un peu plus d'un mètre. Le Roumain est resté en haut, 20
au bord du trou. De sa torche il a vu une pierre rouge de sang.

«Je ne peux pas. C'est inhumain. Je ne peux plus continuer»,
murmurait-il. Alors Gérard a commencé à le frapper au visage. Pour
Gérard le trou était encore un obstacle qu'il cherchait à traverser.
La faiblesse de Johnny le rendait furieux. Enfin, sa colère calmée, il 25
s'est arrêté. Johnny est retourné docilement au camion avec Gérard.

EXERCICES

I. Répondez aux questions:

1. Qu'ont fait Johnny et Gérard avant de partir à leur tour?
2. Qu'est-ce qu'ils ont vu soudain?
3. Quelles ont été les deux autres manifestations de l'explosion?
4. Qui prendra peut-être la place des deux hommes tués?
5. Comment Gérard et Johnny ont-ils cherché le trou fait par l'explosion?
6. Qu'est-il resté de Luigi et de Bimba?
7. De quelle profondeur était le trou au centre?
8. Pourquoi Johnny est-il resté en haut?
9. Pourquoi Gérard l'a-t-il frappé?
10. Johnny est-il redevenu docile ou s'est-il révolté?

II. Répondez sur le modèle suivant:

®   **La nitroglycérine a tué les copains.**
Va-t-elle les tuer aussi?

1. La nitroglycérine a pulvérisé les copains.
2. Le piège à mort a attrapé les copains.
3. L'explosion a arrêté les copains.
4. La mort a emporté les copains.
5. La mort a surpris les copains.

III. Répondez sur le modèle suivant:

Qu'est-ce qui est resté?
Rien n'est resté.

1. Qu'est-ce qui a résisté?
2. Qu'est-ce qui a fumé?
3. Qu'est-ce qui a été trouvé?
4. Qu'est-ce qui est intact?
5. Qu'est-ce qui est gagné?

IV. Répondez sur le modèle suivant:

Ils avaient peur. Ils allaient trouver le trou.
Ils avaient peur du moment où ils allaient trouver le trou.

1. Ils avaient peur. Ils allaient sauter eux aussi.
2. Ils avaient peur. Ils allaient marcher dans le sang.
3. Ils avaient peur. Ils allaient voir les restes.
4. Ils avaient peur. Ils allaient tomber dans le piège.
5. Ils avaient peur. Ils allaient continuer leur voyage.

V. Répondez sur le modèle suivant:

Johnny vient de s'arrêter?
Oui, il s'est arrêté.

Johnny vient de... 1. s'installer?
                    2. se coucher?
                    3. s'approcher?
                    4. se promener?
                    5. s'asseoir?

VI. Répondez sur le modèle suivant:

® **Johnny vient de s'arrêter.**
  S'est-il vraiment arrêté?

Johnny vient de... 1. s'installer.
                    2. se coucher.
                    3. se lever.
                    4. se promener.
                    5. s'approcher.
                    6. s'asseoir.

VII. Répondez sur le modèle suivant:

® **Ils viennent de s'arrêter?**
  Oui, ils se sont arrêtés.

Ils viennent de... 1. s'installer?
                    2. se coucher?
                    3. s'approcher?
                    4. se promener?
                    5. s'asseoir?

VIII. Répondez sur le modèle suivant:

® **Ils viennent de s'arrêter?**
  Non, ils ne se sont pas arrêtés.

Ils viennent de... 1. s'installer?
                    2. se coucher?
                    3. se lever?
                    4. se promener?
                    5. s'approcher?
                    6. s'asseoir?

IX. Répondez sur le modèle suivant:

® **Vous vous êtes arrêtés ?**
Non, nous ne nous sommes pas arrêtés.

Vous vous êtes...   1. installés ?
2. levés ?
3. couchés ?
4. promenés ?
5. assis ?
6. approchés ?

X. Répondez sur le modèle suivant:

® **Vous vous êtes arrêté ?**
Non, je ne me suis pas arrêté.

Vous vous êtes...   1. arrêté ?
2. promené ?
3. assis ?
4. levé ?
5. avancé ?
6. installé ?
7. couché ?
8. reposé ?
9. amusé ?
10. approché ?

XI. Répondez sur le modèle suivant:

Tu veux continuer ?
Je ne peux plus continuer.

1. Tu veux rester ?
2. Tu veux monter dans le camion ?
3. Tu veux aller plus loin ?
4. Tu veux repartir ?
5. Tu veux conduire le camion ?
6. Tu veux dormir maintenant ?

XII. Complétez les phrases suivantes en vous servant des éléments contenus dans le texte:

1. Gérard a vu l'explosion juste au moment...
2. Le bruit de l'explosion est suivi d'un...

    3. Gérard voit le nom de Smerloff en lettres rouges parce que
       c'est lui...
    4. Rien n'est resté de ces hommes qui...
    5. Sa colère calmée, Gérard s'est arrêté de...

XIII. Racontez l'histoire en vous servant des indications suivantes:

    Les deux hommes qui attendent; la lueur; le bruit; le souffle;
    qui va prendre la place des disparus; le traître; rien ne reste;
    exploration à pied; le sang; ce qu'a fait Gérard; retour docile.

pioche *f.*

pelle *f.*
Au travail!   Travaillons!
voler   Ex. L'oiseau vole. L'homme vole dans un avion.

chaotique*   qui est en désordre

fond *m.*   le point le plus bas. Voir dessin à la page 48.

talon *m.*   partie arrière du soulier; **donner un coup de —**   action de frapper la terre
avec le talon

talon ➝

Hein?   Ici, expression interrogative, «Comment?» «Qu'est-ce que tu dis?»

En avant.   Avançons!
On y va (exp.)   On va faire le travail

14

Le Trou

Gérard conduit le camion jusqu'au bord du trou. Il faut traverser le
trou parce qu'il y a un pipe-line de chaque côté de la route. Ils descendent tous les deux avec une pioche et une pelle. Il faut construire
une rampe de chaque côté du cratère.

Au travail! Autour d'eux vole de la poussière. De la poussière, ils 5
en respirent, en mangent. Il y en a en quantités. Quand les deux rampes
sont construites, ils mettent la pelle et la pioche dans le camion. Gérard
conduit pendant que Johnny le dirige avec des gestes simples. Le
camion est docile aux mains expertes de Sturmer. Mais le terrain est
terriblement chaotique. Gérard arrête le camion et descend pour 10
étudier chaque détail du passage.

Après quelque temps il murmure: «Je vois...

—Tu n'as pas tout regardé», a observé Johnny.

«Qu'est-ce que tu veux dire?

—Le fond est mauvais. 15

—Tu es sûr?

—Essaie-le du pied. Tu verras.»

Gérard donne un coup de talon. Son soulier reste attaché au sol.
Johnny sent quelque chose.

«Pétrole. 20

—Hein?

—Sens...»

Pas d'erreur. Les deux hommes ne parlent pas pendant quelques
instants. Puis Gérard dit:

«C'est le pipe-line. Avec les douze pompes, le trou sera rempli de 25
pétrole dans une demi-heure. En avant. On y va.

fou (adj. employé comme nom)   personne qui a perdu la raison

retient (prés. de *retenir*)   Ici, ne pas laisser descendre

glisser   passer rapidement et légèrement. Ex. Le toboggan glisse sur la neige.

lac* *m.*   Ex. Chicago est au bord du lac Michigan.

glissante   où on glisse facilement

reculer   aller en arrière

se retourner   regarder derrière soi

trébucher   perdre son équilibre en marchant

implacable*   Ici, que rien ne peut arrêter

relever   Ici, lever

glu* *f.*   substance qui adhère aux surfaces

repart (prés. de *repartir*)   partir de nouveau

noyer   faire mourir dans un liquide

mare *f.*   eau accumulée dans un grand trou. Ex. Il y a une mare à la ferme pour les canards.

boue *f.*   terre mouillée

gluant   qui adhère comme la glu

—Ecoute, Gérard, je vais repartir encore une fois avec toi parce que tu es un copain et aussi parce que tu me fais peur: je crois que tu es le diable. Moi, je vais devenir fou ou mourir de peur.»

Gérard ne pense plus à examiner la route; il court, monte dans la cabine et démarre. Le K.B. descend doucement la rampe. La première 5 vitesse retient le camion. Il freine de temps en temps. Maintenant les roues sont bloquées et le camion glisse vers le fond du trou.

Après la rampe de descente le camion est entré dans un petit lac de pétrole noir. La marche est dangereuse et très glissante. Johnny, reculant toujours devant les phares, indique la meilleure route. De 10 temps en temps il se retourne pour voir où il va. Mais d'un coup il trébuche et tombe dans le liquide, directement devant les roues. Sa tête émerge à la surface du liquide et il crie, il crie toujours. Le camion continue son avance implacable sur lui. Gérard a tout vu, mais il ne relève pas le pied pour ralentir. Ce qu'il faut, c'est passer. Une fois 15 arrêté dans cette glu, on ne repart plus.

Le pneu avant droit écrase le pied du Roumain. Il crie: «Gérard», il pense que sa jambe est cassée. Sturmer, les yeux fixés sur la rampe ne fait pas attention à ce corps qu'il est en train d'écraser ou de noyer— est-ce qu'on sait? Qu'est-ce que ça peut faire; il faut passer. Il faut 20 passer!

En quelques mètres les roues du camion commencent à quitter la mare de pétrole. Les roues avant montent sur la rampe et la terre dure, mais les roues arrière font trois tours sans avancer. Les roues arrière tournent dans la boue noire et gluante.

EXERCICES

I. Répondez aux questions:

1. Pourquoi faut-il traverser le trou?
2. Avec quels outils les deux hommes descendent-ils dans le trou?
3. Que faut-il construire?
4. Qu'est-ce qui vole autour d'eux pendant qu'ils travaillent?
5. Pourquoi le camion n'avance-t-il pas facilement?
6. Pourquoi Gérard descend-il du camion?
7. Comment est le fond du trou?
8. Pourquoi le soulier de Gérard reste-t-il attaché au sol?
9. Pourquoi le trou sera-t-il rempli dans une demi-heure?
10. Pourquoi Johnny consent-il à repartir avec Gérard?
11. Comment Gérard freine-t-il en descendant dans le trou?
12. Qu'est-ce qu'il y a maintenant au fond du trou?
13. Pourquoi Johnny marche-t-il en reculant?
14. Que lui arrive-t-il tout d'un coup?
15. Que fait Johnny quand sa tête émerge?
16. Le camion s'arrête-t-il?
17. Pourquoi Gérard ne ralentit-il pas?
18. Sur quelle partie du corps passe le pneu avant?
19. Le camion sort-il de la mare de pétrole?
20. Que font les roues arrière?

II. Répondez sur le modèle suivant:

®   **Il faut essayer le fond?**
     Oui, essaie-le.

Il faut...
1. examiner la route?
2. arrêter le camion?
3. installer le limitateur?
4. écouter le vieillard?
5. emporter les provisions?
6. allumer les phares?
7. appeler le chef?
8. attendre les autres?

III. Répondez sur le modèle suivant:

®   **Il faut essayer le fond?**
     Non, ne l'essaie pas.

Il faut...
1. examiner la route?
2. arrêter le camion?
3. installer le limitateur?
4. écouter le vieillard?
5. emporter les provisions?
6. allumer les phares?
7. appeler le chef?
8. attendre les autres?

IV. Répondez sur le modèle suivant:

> **Il n'a rien vu?**
> *Il a tout vu.*

Il n'a rien...   1. regardé?   4. étudié?
                 2. entendu?   5. compris?
                 3. examiné?

V. Répondez sur le modèle suivant:

® **Gérard avance sur Johnny?**
   Oui, il avance sur lui.

1. Il pense à Johnny?
2. Il pense à Luigi et à Bimba?
3. Il parle de Luigi?
4. Il parle de Luigi et de Bimba?
5. Il repart avec Johnny?
6. Il repart avec Johnny et Bimba?

VI. Répondez sur le modèle suivant:

> **C'est la peur?**
> *Oui, il est mort de peur.*

1. C'est le froid?   4. C'est la soif?
2. C'est la faim?   5. C'est la terreur?
3. C'est la fatigue?

VII. Complétez les phrases suivantes en vous servant des éléments contenus dans le texte:

1. Il faut traverser le trou parce que...
2. Les deux hommes construisent une rampe avec...
3. Gérard conduit le camion dans le trou pendant que...
4. Il donne un coup de talon au fond du trou pour...
5. Le trou sera rempli rapidement à cause...
6. Johnny veut repartir avec Gérard parce que...
7. Johnny est tombé dans le pétrole mais Gérard...
8. Pour Gérard, qu'est-ce que ça peut faire si...

VIII. Racontez l'histoire en vous servant des indications suivantes:

Le travail; les deux rampes; l'étude du terrain; le soulier; l'odeur; la descente du camion; Johnny guide puis trébuche; la jambe de Johnny; Gérard n'a pas de succès.

sale †propre
brûlant qui brûle

en sang couverte de sang

soigner donner des attentions. Ex. Le docteur soigne le malade.

rendra (fut. de *rendre*) faire

les passait en revue les examinait l'une après l'autre

15

Comment sortir?

Sale, hagard, la bouche brûlante, Gérard est descendu du camion. Derrière lui, Johnny était debout dans le pétrole. Sa jambe est en sang.

«Dans une heure je te soignerai et je t'aiderai. Pour l'instant il faut sortir de là. Le pétrole monte; et, sans parler du soleil qui rendra 5 la nitroglycérine encore plus explosive, dans une heure tu ne seras plus bon à rien. J'ai besoin de toi. Ne perdons pas de temps.»

Gérard a examiné la position du camion dans la mare. Comment sortir de là? Il réfléchissait. Il pensait à toutes les techniques qu'il connaissait. Il les passait en revue et l'une après l'autre les trouvait 10 inutiles. Rien à faire.

Johnny l'a appelé d'une voix faible. Il a répété: «Gérard. Gérard. Viens!

s'occuper   Ici, soigner

tout de suite (adv.)   immédiatement

saleté *f.*   chose qui n'est pas propre, qui a grand besoin d'être lavé

là-dessus   Ici, sur la jambe

Promets (impér. de *promettre*)   faire une promesse

planter*   mettre dans la terre, enfoncer

barre* (*f.*) **de fer**   Ex. L'ouvrier pousse la pierre
   avec une barre de métal.

axe# *m.*

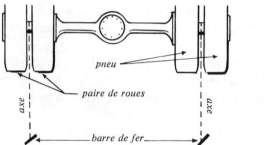

pneu

paire de roues

axe

axe

barre de fer

s'endormir   commencer à dormir

rhum* *m.*   boisson alcoolisée

souffrance *f.*   sensation très désagréable.   Ex. La souffrance du malade est extrême.

évanoui (part. passé de *s'évanouir*)   perdre connaissance.   Ex. Elle apprend la mort
   de son père. A cause du choc, elle s'évanouit et tombe par terre.

câble

pneu

s'enrouler   Ex. Le cable s'enroule entre les doubles roues.

évanouissement *m.*   perte de connaissance

pleurer   avoir de l'eau dans les yeux.   Ex. Paul pleure car sa mère va mourir.

—Oui, je t'aiderai tout à l'heure. Quand le camion sera sorti de là, je m'occuperai de toi.

—Je te dirai ce qu'il faut faire, si tu me soignes tout de suite.

—Quand on sera sorti, oui, je te l'ai dit.

—Non. Tout de suite. Avec la jambe que j'ai, si on ne fait rien, toute cette saleté dans mon sang, c'est la gangrène. Et le soleil là-dessus...

—Dis-moi ce qu'il faut faire.

—Promets de me soigner, Gérard. Promets-le. Je ne veux pas mourir comme ça.

—Je sais. Alors, dis-moi.

—Eh bien, voilà... Aïe! Ma jambe me fait mal... Tu plantes deux barres de fer devant le camion juste dans l'axe... Tout est là.

—Quel axe?»

Johnny ne répond pas. Il semble s'endormir. Sa tête tombe en avant. «Johnny! Eh! Johnny!»

Gérard court à la cabine du camion et revient avec du rhum. Il verse du rhum dans la bouche du Roumain. Johnny revient à lui et ouvre des yeux pleins d'eau.

«Dans l'axe de quoi?

—Je ne sais plus... Quoi? Quel axe?

—Tu m'as dit: 'tu fixes les barres dans l'axe.'»

Le Roumain réfléchit. De petites grimaces de souffrance lui traversent le visage.

«Trop compliqué à expliquer comme ça.

—Comment faut-il faire?» crie Gérard à son oreille. «Com-ment - faut-il - faire?

—J'ai mal... soigne-moi. J'ai trop mal, ce n'est pas possible.

—Comment faut-il faire?

—Tu attaches de chaque côté un câble entre les roues arrière. Tu plantes les barres devant le camion et tu y attaches l'autre bout du câble. Dans l'axe, Gérard. Dans l'axe...»

Il s'est évanoui encore une fois mais Gérard a compris. Quand les roues arrière tourneront, les deux câbles s'enrouleront autour et feront avancer le camion vers les barres.

Gérard a mis Johnny contre un pneu, puis il est allé à l'arrière du camion, chercher tout le matériel. Johnny est sorti de son évanouissement. Il voyait son copain au travail. Sa jambe n'était toujours pas lavée. Gérard n'a rien fait pour lui. Il a essayé d'appeler Gérard. Il pleurait. Puis il a perdu connaissance.

EXERCICES

I. Répondez aux questions:

    1. Comment était Gérard en descendant du camion?
    2. Comment était la jambe de Johnny?
    3. Pourquoi Gérard ne soigne-t-il pas Johnny tout de suite?
    4. De quoi avait-il besoin pour faire sortir le camion?
    5. Quelle proposition Johnny a-t-il faite à Gérard?
    6. Pourquoi Johnny veut-il être soigné tout de suite?
    7. Qu'est-ce qu'il fallait planter dans l'axe?
    8. Que fait Gérard avec le rhum?
    9. Pourquoi les yeux de Johnny étaient-ils pleins d'eau?
   10. Que fait Gérard pour que Johnny l'entende?
   11. A quoi faut-il attacher les deux bouts du câble?
   12. Qu'arrivera-t-il quand les deux roues arrière tourneront?
   13. Pourquoi Johnny n'a-t-il pas continué de parler?
   14. Qu'a fait Gérard pour lui?
   15. Est-ce que Gérard est cruel ou est-ce que la situation est cruelle?

II. Répondez sur le modéle suivant:

®   Qu'est-ce qu'il faut faire?
    Dis-moi ce qu'il faut faire.

    1. Qu'est-ce que je dois faire?
    2. Qu'est-ce que tu as?
    3. Qu'est-ce qu'il y a?
    4. Qu'est-ce que nous allons faire?
    5. Qu'est-ce que tu veux?

III. Répondez sur le modèle suivant:

®   Tu m'as dit: «tu fixes les barres».
    Tu m'as dit de fixer les barres.

    1. Tu m'as dit: «tu attaches un câble».
    2. Tu m'as dit: «tu avances».
    3. Tu m'as dit: «tu cours».
    4. Tu m'as dit: «tu viens».
    5. Tu m'as dit: «tu réfléchis».

IV. Répondez sur le modèle suivant:

®   **Ecoute-moi.**
        Il lui a demandé de l'écouter.

     1. Soigne-moi.
     2. Aide-moi.
     3. Lave-moi.
     4. Regarde-moi.
     5. Appelle-moi.

V. Répondez sur le modèle suivant:

®   **Parle-moi.**
        Il a demandé à l'autre de lui parler.

     1. Explique-moi le problème.
     2. Raconte-moi l'histoire.
     3. Lave-moi la jambe.
     4. Montre-moi la jambe.
     5. Donne-moi le rhum.
     6. Passe-moi le rhum.

VI. Examen sur les exercices IV et V.

     1. Appelle-moi.
     2. Donne-moi le rhum.
     3. Lave-moi.
     4. Lave-moi la jambe.
     5. Soigne-moi.
     6. Montre-moi la jambe.
     7. Explique-moi.
     8. Explique-moi le problème.

VII. Répondez sur le modèle suivant:

     Ma jambe me fait mal.
     J'ai mal à la jambe.

     1. Mes yeux me font mal.
     2. Mes oreilles me font mal.
     3. Mon pied me fait mal.
     4. Mes pieds me font mal.
     5. Ma main me fait mal.

VIII. Répondez sur le modèle suivant:

> **Nous revenons avec du rhum.**
> *Je reviens avec du rhum.*

1. Nous disons du mal.
2. Nous faisons du bruit.
3. Nous buvons du rhum.
4. Nous versons de l'eau.

IX. Répondez sur le modèle suivant:

®
> **Il ne faut pas perdre de temps.**
> *Ne perdons pas de temps.*

Il ne faut pas... 1. rester ici.
2. penser au danger.
3. pleurer.
4. faire cela.
5. s'occuper de cela.
6. s'endormir.

X. Répondez sur le modèle suivant:

> **Johnny s'endort ?**
> *Il semble s'endormir.*

1. Johnny réfléchit ?
2. Johnny fait attention ?
3. Johnny revient à lui ?
4. Johnny s'évanouit ?
5. Johnny comprend ?
6. Johnny sort de son évanouissement ?

XI. Complétez les phrases suivantes en vous servant des éléments contenus dans le texte:

1. Gérard promet à Johnny de...
2. Il lui dit qu'il l'aidera quand...
3. Johnny expliquera tout si Gérard...
4. Gérard lui demande de lui dire...
5. Johnny revient à lui, les yeux pleins d'eau, parce que...

6. Les câbles s'enrouleront quand...
7. Johnny a pleuré parce que...

XII. Racontez l'histoire en vous servant des indications suivantes:

La jambe de Johnny; la promesse de Gérard; problèmes techniques; l'appel de Johnny; sa peur de la gangrène; ses indications
techniques; le rhum; la souffrance de Johnny; Gérard au travail;
Johnny pleure, puis perd connaissance.

immergée*   sous la surface d'un liquide.   Ici, dans le pétrole

nœud *m*.   Ex. Pour joindre deux cordes, il faut faire un nœud.

suffoquer*   manquer d'air, ne pas pouvoir respirer

doit (prés. de *devoir*)   être obligé

brûler   Ex. Le feu brûle.

ça y est (exp.)   c'est fait

16

Victoire

Pour attacher la corde, Gérard se couche dans la mare de pétrole, la
tête immergée. Il met la main entre les deux roues, trouve un trou
pour attacher le nœud de la corde. Il suffoque et doit revenir à la
surface. Il a du pétrole dans les cheveux, les oreilles, les yeux. Ça
brûle terriblement dans les yeux. Il va à l'autre paire de roues et répète 5
la même opération. Maintenant, les barres. Il les plante devant le
camion et il attache les deux cordes aux roues arrière. Voilà, ça y est.
On peut partir. Tout est prêt. Il faut s'occuper de Johnny à présent.
Il le sort de la mare et le met sur le bord. Puis il se met au volant. Le
moment difficile est venu. 10

Moteur en marche. (exp.)   Moteur qui tourne.
se tendent (prés. de *se tendre*)   devenir tendu.
   Ex. La corde A est tendue; la corde B n'est
   pas tendue.

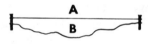

mordent (prés. de *mordre*)   serrer les dents
   sur quelque chose.
   Ex. Le chien mord la jambe du garçon.
repos *m.*   †travail
Gérard... tranquille   il a mauvaise conscience
nettoyer   enlever la saleté, laver
peau *f.*   Ex. La surface du corps est couverte de peau.
blessure *f.*   endroit où on s'est fait mal.   Ex. Paul est tombé; il a une blessure au
   genou.
adhérer*   être fortement attaché, coller
essence# *f.*   liquide qui fait marcher une auto.
plaie *f.*   blessure
crevasse* *f.*   ouverture dans la terre ou dans un glacier.   Ex. Sur le glacier il y a des
   crevasses.
pus *m.*   liquide blanc causé par l'infection
blessé *m.*   homme qui a une blessure
pourrir   Ex. Un œuf qu'on ne met pas au frigidaire pourrit vite, s'il fait chaud.   Une
   banane pourrie est noire.

Moteur en marche. La pédale de gauche remonte doucement. Les cordes se tendent. La traction augmente, le camion avance, centimètre après centimètre. Les deux barres se rapprochent. Les pneus de derrière commencent à sortir du pétrole. Encore un mètre. Les roues arrière mordent enfin la terre ferme et montent sur la route. Victoire! 5

Le moment du repos était venu mais il n'en était pas question. Il y avait quelque chose d'urgent; Johnny d'abord. Gérard n'avait pas la conscience tranquille à son sujet. Il a commencé à nettoyer la peau autour de la blessure. Le pétrole adhérait terriblement. Il a pris de l'essence pour l'enlever. Quand la plaie est devenue entièrement 10 visible, Gérard a eu peur. La peau était tendue, rouge, avec des veines bleues. Il y avait une véritable crevasse. Le fond, plein de pus, était vert. La jambe du blessé commençait à pourrir.

La chaleur était très forte à présent. La nitroglycérine pouvait exploser au soleil. Mais il fallait retourner au camion, se coucher à 15 l'ombre et attendre le soir.

traîner tirer

auprès de près de

peine *f.* difficulté

lui faire du bien (exp.) être bonne pour lui

reprendre connaissance †perdre connaissance

se croyait (impf. de *se croire*) croyait qu'il était

palace *m.* grand hôtel; **Drôle de palace** C'était un palace curieux

déposer Ici, mettre

crépuscule *m.* lumière entre le coucher du soleil et la nuit

Sauver Johnny. Gérard l'a traîné vers le camion. Puis il a cherché
de l'eau. Quand il est revenu auprès de Johnny, celui-ci respirait avec
peine. L'eau lui a fait du bien. Il a repris connaissance mais il avait
tout oublié. Il se croyait à l'hôtel. Il a murmuré d'abord une longue
phrase en roumain, puis en allemand, et enfin en anglais: «Réveillez- 5
moi à neuf heures et demie avec le petit déjeuner.»

Drôle de palace, mon pauvre Johnny!

Les heures passent. Le soleil brûle. Quelle élévation de température
est nécessaire pour...?

Mais la nitroglycérine n'a pas sauté. Juste avant le coucher du 10
soleil, Gérard a déposé Johnny sur le plancher de la cabine.

Quand le camion est parti, le crépuscule commençait, qui allait durer
un quart d'heure seulement. Puis brusquement le ciel est devenu
uniformément noir. C'était la deuxième nuit.

EXERCICES

I. Répondez aux questions:

1. Pourquoi Gérard se couche-t-il dans la mare?
2. Où attache-t-il la corde?
3. Pourquoi doit-il revenir à la surface?
4. Quels sont les effets du pétrole?
5. Combien de roues arrière y a-t-il?
6. Que fait Gérard après avoir attaché les câbles?
7. Que font les cordes quand les roues tournent?
8. Le camion est-il sorti de la mare?
9. Pourquoi Gérard ne peut-il pas penser au repos?
10. Comment a-t-il soigné la blessure?
11. Comment a-t-il enlevé le pétrole?
12. Comment était la blessure?
13. Pourquoi Johnny va-t-il perdre sa jambe?
14. Pourquoi le camion n'est-il pas reparti?
15. Qu'est-ce qui a fait du bien à Johnny?
16. Où se croyait Johnny?
17. Dans quelles langues a-t-il parlé?
18. Que demandait-il à l'hôtel?
19. Où Gérard a-t-il déposé Johnny au coucher du soleil?
20. Comment est devenu le ciel?

II. Répondez sur le modèle suivant:

Il se couche dans la mare. Sa tête est immergée.
Il se couche dans la mare, la tête immergée.

1. Il attache la corde. Ses yeux sont fermés.
2. Il sort de la mare. Ses cheveux sont pleins de pétrole.
3. Il attend quelques minutes. Sa tête est noire de pétrole.
4. Il se repose. Ses muscles sont fatigués.
5. Il s'arrête. Son visage est couvert de saleté.

III. Répondez sur le modèle suivant:

® **Gérard respirait avec peine. Et Johnny?**
Celui-ci respirait avec peine aussi.

1. Luigi était mort. Et Bimba?
2. Le chef du derrick réfléchit. Et O'Brien?

3. O'Brien attend. Et Smerloff?
4. Le camion est arrêté. Et le chauffeur?
5. Gérard a chaud. Et le blessé?

IV. Répondez sur le modèle suivant:

®   **Le camion est pulvérisé. Et les chauffeurs?**
    Ceux-ci sont pulvérisés aussi.

1. O'Brien est nerveux. Et ses employés?
2. Le chef fume une cigarette. Et les hommes?
3. Johnny parle anglais. Et les Américains?
4. Le nez de Gérard est plein de pétrole. Et ses yeux?
5. Ses mains tremblent. Et ses bras?

V. Répondez sur le modèle suivant:

®   **Les phares sont allumés. Et la lampe?**
    Celle-ci est allumée aussi.

1. La dynamite saute facilement. Et la nitroglycérine?
2. Le village a peur. Et la ville?
3. Le salaire est bon. Et la prime?
4. L'explosif est dangereux. Et la route?
5. Le volcan fait du bruit. Et l'explosion?

VI. Répondez sur le modèle suivant:

®   **Les phares sont allumés. Et les lampes?**
    Celles-ci sont allumées aussi.

1. Les chiens hurlent. Et les sirènes?
2. Le moteur tourne. Et les roues?
3. Les jambes tremblent. Et les mains?
4. La porte du bureau claque. Et les portières?
5. Les risques sont grands. Et les difficultés?

VII. Examen sur les exercices III, IV, V, et VI.

1. Les chiens hurlent. Et les sirènes?
2. Cet explosif saute facilement. Et la dynamite?
3. Johnny mange. Et Gérard?
4. Ses jambes tremblent. Et ses mains?
5. Le village a peur. Et les chauffeurs?
6. Le salaire est bon. Et les primes?

VIII. Répondez sur le modèle suivant:

Il faut planter les barres.
Maintenant, les barres.

1. Il met le moteur en marche.
2. Il fait encore un mètre.
3. C'est la victoire.
4. Il faut sauver Johnny.
5. Apportez-moi le petit déjeuner.

IX. Répondez sur le modèle suivant:

®   **Le camion part. Le crépuscule commence.**
Quand le camion est parti, le crépuscule commençait.

1. Gérard attache le camion. Il a du pétrole dans les yeux.
2. Gérard fait sortir le camion. Le soleil brûle.
3. Il revient auprès de Johnny. Il respire à peine.
4. Johnny parle à Gérard. Il se croit dans un palace.
5. Gérard voit la blessure. La peau est tendue.
6. Gérard dépose Johnny sur le plancher. La nuit commence.

X. Répondez sur le modèle suivant:

®   **Gérard met la main entre les roues. Il trouve un trou.**
Quand Gérard a mis la main entre les roues, il a trouvé un trou.

1. Le moment vient. Gérard met le moteur en marche.
2. Le camion avance. Les roues arrière sortent du pétrole.
3. Il nettoie la peau. La blessure devient visible.
4. Gérard retourne au camion. Johnny reprend connaissance.
5. Johnny reprend connaissance. Il murmure une longue phrase.
6. Gérard voit la plaie. Il a peur.

XI. Examen sur les exercices IX et X.

1. Gérard sort le camion. Le soleil brûle.
2. Le camion avance. Les roues arrière sortent de la mare.
3. Gérard revient auprès de Johnny. Il nettoie la plaie.
4. Johnny reprend connaissance. Il se croit à l'hôtel.
5. Johnny voit Gérard. Il demande son petit déjeuner.
6. Le camion part. La deuxième nuit commence.

XII. Complétez les phrases en vous servant des éléments contenus dans le texte:

    1. Gérard s'est couché dans la mare pour...
    2. Avant de partir, il faut s'occuper...
    3. Centimètre après centimètre, le camion...
    4. Gérard n'avait pas la conscience tranquille au sujet...
    5. Il a eu peur en voyant la blessure parce que...
    6. Johnny a repris connaissance mais...
    7. Le soleil brûlait, mais le camion...
    8. Quand le camion est parti, la deuxième nuit...

XIII. Racontez l'histoire en vous servant des indications suivantes:

L'immersion; le pétrole sur le corps; les barres à enfoncer; la sortie; les soins à donner à Johnny; la blessure; la chaleur; l'attente du soir; le délire de Johnny; le départ au crépuscule.

Finies (part. passé de *finir*)   Ici, les difficultés de la route étaient finies

Plus de risques (forme abrégée du négatif)   Il n'y a plus de risques

ça ne marche pas bien (exp.)   ça ne va pas bien

sous le crâne   dans la tête

se sentir en forme (exp.)   se porter très bien, aller bien

Sommeil *m.*   état de celui qui dort. Ex. Gérard a sommeil; il veut dormir.

se quereller   avoir une querelle

lutter   combattre

par terre   sur le sol, sur le plancher

serrer   tenir avec force, presser

veinard *m.*   homme qui a de la chance

aveuglant   qui arrête la vue

17

L'Arrivée

Il fallait encore rouler toute la nuit. Finies les difficultés de la route. Plus de risques à prendre. A quinze kilomètres à l'heure pendant douze heures, ils avaient largement le temps de couvrir la distance.

Mais ça ne marche pas bien, sous le crâne de Gérard. Par moments, il se sent très en forme; il rêve au bonheur de l'arrivée. Et puis il 5 revient brusquement sur terre, à sa dangereuse condition. Devant lui, l'incendie du derrick est maintenant bien visible. De hautes flammes claires montent vers le ciel.

Décidément non, ça ne va pas dans la tête de Gérard. Sommeil et fatigue ont choisi sa personne pour se quereller. Mais l'homme qui 10 conduit a gardé ses réflexes de chauffeur. Il y a aussi la pensée: je ne peux pas m'arrêter. Au matin je dois être arrivé. Au matin ou jamais.

Plus de café dans les thermos. Le cognac ne l'aiderait pas. Il est bien seul. Lutte. Lutte encore. Attention, Gérard. Il freine trop.

Gérard se frotte les yeux, la figure. Il essaie de se réveiller. Il prend 15 encore une cigarette au-dessus de sa tête. Il remarque que le Roumain, par terre, ne respire plus. La main du mort serre un paquet de Lucky. Mot qui, en anglais, signifie «veinard».

La nuit passait, seconde après seconde, lente, et cruelle. La lueur de la flamme est devenue plus intense, aveuglante. A chaque instant

auparavant   avant ce temps

marchepied *m.*   petite plate-forme
   par laquelle on monte dans un camion

marchepied

mon vieux   Ex. On appelle un ami, un copain, «mon vieux».

il se croyait arrivé. Pas encore. Il entendait à ses oreilles les voix de ceux qui allaient venir au-devant de lui, mais ce n'était pas vrai. Puis, la flamme qu'il voyait distinctement auparavant, a disparu tout à fait. Une nuit plus dense l'a enveloppé de tous les côtés, et il n'a pas compris tout de suite que le jour était arrivé et que cette nuit qui l'enveloppait 5 était le nuage de fumée autour du puits en feu.

Un peu après, il a vu des hommes qui lui faisaient signe de s'arrêter. Mais il n'y croyait pas. Un d'eux est monté sur le marchepied, lui a saisi le bras...

«Bravo, mon vieux! Tu as gagné. Et les autres?»

EXERCICES

I. Répondez aux questions:

1. Combien de temps fallait-il encore rouler?
2. A quelle vitesse rouleraient-ils?
3. A quoi rêve Gérard quand il se sent en forme?
4. Qu'est-ce qu'il voit maintenant devant lui?
5. Quelle querelle est dans sa tête?
6. Quand Gérard doit-il être arrivé?
7. Pourquoi ne boit-il pas de café? de cognac?
8. Comment essaie-t-il de se réveiller?
9. Que fait Johnny par terre?
10. Que serre-t-il dans la main?
11. Pourquoi ce détail est-il ironique?
12. Comment est devenue la lueur de la flamme?
13. Qu'est-ce que Gérard entendait à ses oreilles avant d'arriver?
14. Pourquoi la flamme a-t-elle disparu tout à fait?
15. Qu'est-ce qu'on lui a dit quand il est arrivé au derrick seize?

II. Répondez sur le modèle suivant:

Et les difficultés de la route?
Finies les difficultés de la route.

1. Et la peur?
2. Et le voyage?
3. Et les dangers?
4. Et le risque?
5. Et les trous?
6. Et la fatigue?

III. Répondez sur le modèle suivant:

® **Je ne suis pas encore arrivé.**
Au matin, je dois être arrivé.

1. Je ne suis pas encore sorti.
2. Je n'ai pas encore fini.
3. Je n'ai pas encore commencé.
4. Je ne suis pas encore de retour.
5. Je n'ai pas encore quitté la ville.
6. Je ne suis pas encore revenu:
7. Je n'ai pas encore avancé.
8. Je ne suis pas encore descendu.
9. Je ne suis pas encore entré.
10. Je n'ai pas encore choisi.

IV. Répondez sur le modèle suivant:

®   **Le cognac va l'aider.**
Le cognac ne l'aiderait pas.

Le cognac va...   1. le réveiller.   4. lui ouvrir les yeux.
                  2. lui donner des forces.   5. lui faire du bien.
                  3. le rendre fort.

V. Répondez sur le modèle suivant:

Vous vous arrêtez?
Non, je ne peux pas m'arrêter.

1. Vous vous reposez?   4. Vous vous installez?
2. Vous vous couchez?   5. Vous vous endormez?
3. Vous vous levez?

VI. Répondez sur le modèle suivant:

Vous vous arrêtez?
Non, nous ne pouvons pas nous arrêter.

1. Vous vous reposez?   4. Vous vous installez?
2. Vous vous couchez?   5. Vous vous endormez?
3. Vous vous levez?

VII. Répondez sur le modèle suivant:

Je m'arrête.
Tu ne peux pas t'arrêter.

1. Je me repose.   4. Je me lave.
2. Je me couche.   5. Je m'en vais.
3. Je me lève.

VIII. Complétez les phrases suivantes en vous servant des éléments contenus dans le texte:

1. Les deux hommes avaient maintenant le temps de couvrir la distance parce que...
2. Gérard voudrait boire quelque chose mais le cognac...
3. Dans la région du derrick, la flamme a disparu à cause...
4. Gérard a vu des hommes au derrick mais...

IX. Racontez l'histoire en vous servant des indications suivantes:

La fin des difficultés; la fatigue et le sommeil; les pensées de Gérard; sa cigarette; celle de Johnny; le détail ironique; les hallucinations; la nuit soudaine; l'arrivée.

massif# lourd

dresser# monter, constuire

hangar* *m.* construction ouverte sur tous les côtés

ruisseau *m.* petite rivière

enterrer mettre dans la terre

baraque *f.* maison primitive

raser Ex. Il se rase avec un rasoir.

toucher# recevoir

18

Le Salaire

Pour Gérard, c'était le repos. Le sommeil. Des heures et des heures de sommeil massif, sans rêves, sans mouvements, comme la mort.

La tente était dressée à trois kilomètres du hangar de nitroglycérine. On pouvait dormir sans danger. Un ventilateur tournait dans l'air chaud. Sur la peau du dormeur coulaient tranquillement de petits 5 ruisseaux de sueur.

Pendant ce temps, les hommes de la Crude ont enterré Johnny. Pour lui, c'était le repos éternel.

🏴 🏴

«Et vous n'avez pas pu freiner à temps?

—Il était sur le côté, je ne l'ai pas vu tomber. Et puis, j'étais si 10 fatigué.

—Je vois.»

Dans la baraque du chef de camp étaient assis autour de trois verres, McGovenn, le spécialiste envoyé par Dallas et Gérard. Gérard lavé, rasé, se sentait bien. Le whisky était bon. 15

«Je vais faire mon rapport», a continué l'ingénieur. «Il n'y a pas de question. Johnny est mort de l'infection.» Puis il a donné à Gérard un papier pour toucher sa prime à Las Piedras.

vaut (prés. de *valoir*)   égaler

emmener   conduire

tôt (adv.)   †tard. Ex. Je viendrai tôt demain matin, vers 5 heures.

cent kilomètres   62 milles environ
plafonner   rouler aussi vite que possible
rugissement *m.*   bruit que font certains animaux. Ex. Le rugissement du lion.

s'enfoncer   Ici, descendre jusqu'au plancher

® «Attention. Ce papier vaut deux mille dollars: j'ai mis la part de votre copain avec. N'oubliez pas ceci: Johnny Mihalescu est mort ici, en arrivant. Avant de mourir il vous a donné sa prime. J'en ai parlé aux autres; ils sont d'accord. La Crude est assez riche...

—Merci. Merci bien», a dit Gérard, plein d'un bonheur fou. ₅ Fini! Plus de voyage; finie la torture; finie la peur...

«Quand voulez-vous repartir? Si vous voulez, un chauffeur vous emmènera à Las Piedras. Ça vous permettrait de vous reposer pour le voyage suivant.»

Il n'y aurait pas de deuxième voyage au derrick seize pour Gérard, ₁₀ mais ça, il ne l'a pas dit à l'Américain.

«Je conduirai moi-même. Je finis mon verre et je repars.»

Il était tôt, le soleil n'avait pas de force. Il ferait les cinq cents kilomètres sans danger cette fois. Gérard s'est mis derrière le volant, a claqué la portière et a démarré d'un bond. Il est arrivé sur la route ₁₅ où quelques heures auparavant il avait roulé si lentement. Maintenant c'était un plaisir d'aller aussi vite que possible. A quatre-vingts kilomètres le camion ne roule plus, il vole. Quatre-vingt-dix. Cent kilomètres. Le moteur plafonne. Le ton du moteur ne change plus. C'est un rugissement continu. Gérard s'installe dans la vitesse. Il ₂₀ sera arrivé avant dix heures. Des images, des idées précises se forment dans sa tête, toute une série de plaisirs, inventée par son imagination. Le voilà riche, Gérard Sturmer. Il peut faire ce qu'il veut! D'avance il commence à vivre son retour. La route est droite. Toute la plaine est devant lui, puis la mer et Las Piedras. Les deux pipe-lines courent ₂₅ sur les deux côtés de la route.

Las Piedras, 16 kilomètres. La dernière descente commence. Quelle vitesse pour prendre les virages! C'est un jeu pour le chauffeur victorieux. Je freine, je débraie, je tourne le volant, j'embraie, j'accélère, je freine, je débraie. C'est un jeu, je vous dis. Les pédales s'enfoncent ₃₀ puis remontent, le levier des vitesses vole de position en position, les pneus crient, hurlent. C'est le triomphe de l'homme sur la machine docile.

Mais là, ça devient sérieux. Il faut freiner plus fort pour ce virage. Coup de frein. Frein. Frein! nom de D...! La pédale n'obéit pas, ne

débrayer arrêter le contact du moteur avec les roues   †embrayer

pluie *f.* eau qui tombe du ciel. Voir dessin à la page 14. Ici, des morceaux de fer qui tombent partout

résiste plus: elle est sur le plancher! Il met le frein à main. Naturellement ça ne suffira pas. Il débraie. Le camion d'un seul coup retombe
à soixante à l'heure. Il reste trente mètres pour ralentir. Il faut débrayer
à la troisième vitesse. Il embraie. Mais cette fois il y a un bruit sec:
la transmission vient de se casser. Rien n'arrête plus le camion.   5

   Tu t'accroches au volant, Gérard. Tu t'obstines, tu essaies encore.
Ton effort n'est plus utile. Le camion pivote, traverse la barrière du
précipice et plonge dans le vide. Une pluie de morceaux de fer l'accompagne. Victime de son désir de vivre, Gérard est resté au volant.

EXERCICES

I. Répondez aux questions:

1. Qu'a fait Gérard en arrivant?
2. Où était dressée la tente?
3. Qu'est-ce qui tournait dans l'air chaud?
4. Qu'est-ce qui coulait sur la peau du dormeur?
5. Qu'est-ce qu'on a fait de Johnny pendant le sommeil de Gérard?
6. Comment Gérard a-t-il expliqué l'accident au chef de camp?
7. Cette explication était-elle vraie?
8. Qui était McGovenn?
9. Comment se sentait Gérard?
10. Que dira le rapport sur la mort de Johnny?
11. Pourquoi Gérard aura-t-il deux mille dollars et non pas mille?
12. Quelle explication Gérard devra-t-il donner pour toucher les deux primes?
13. Comment se sent Gérard à présent?
14. Pourquoi l'ingénieur propose-t-il à Gérard de le faire conduire à Las Piedras par un chauffeur?
15. Qu'est-ce que Gérard n'a pas dit à l'ingénieur au sujet du voyage suivant?
16. Comment Gérard retournera-t-il à Las Piedras?
17. A quelle heure Gérard est-il parti?
18. Comment a-t-il conduit le camion?
19. Quand sera-t-il arrivé?
20. A quoi pense-t-il en conduisant?
21. Qu'est-ce qui court sur les deux côtés de la route?
22. Comment Gérard prend-il les virages?
23. Qu'est-ce qui arrive à la pédale du frein tout à coup?
24. Pourra-t-il freiner avec le frein à main?
25. Comment peut-il freiner le camion sans frein?
26. Pourquoi y a-t-il un bruit sec?
27. Que fait finalement le camion?
28. De quoi Gérard est-il la victime?

II. Répondez sur le modèle suivant:

® J'ai freiné.
Vous n'avez pas pu freiner à temps.

1. J'ai aidé Johnny.
2. J'ai lavé la jambe.

3. J'ai soigné Johnny.
4. Je suis descendu.
5. Je me suis arrêté.
6. Je me suis réveillé.

III. Répondez sur le modèle suivant:

Johnny a donné sa prime. Il est mort.
Avant de mourir, Johnny a donné sa prime.

1. Gérard s'est rasé et lavé. Il est allé chez l'ingénieur.
2. Gérard a claqué la portière. Il a démarré.
3. Gérard a touché la prime. Il est parti.
4. Gérard a fini son verre. Il a pris son camion.
5. Gérard a essayé de freiner. Il a plongé dans le vide.

IV. Répondez sur le modèle suivant:

Gérard fera les cinq cents kilomètres sans danger.
Gérard ferait les cinq cents kilomètres sans danger.

1. Gérard roulera vite.
2. Arrivé à Las Piedras, il prendra un billet.
3. Gérard retournera en France.
4. Il pourra raconter l'histoire du camion.
5. Gérard fera ce qu'il voudra.

V. Répondez sur le modèle suivant:

Gérard ne dit pas qu'il n'y aura pas de voyage.
Il n'a pas dit qu'il n'y aurait pas de voyage.

1. Gérard ne dit pas qu'il quittera Las Piedras.
2. Gérard demande quand il pourra repartir.
3. Gérard dit qu'il conduira lui-même.
4. L'ingénieur dit qu'il aura la prime.
5. Il dit que la prime lui permettra de voyager.
6. Gérard pense qu'il sera heureux.
7. Il pense que le camion lui obéira.
8. Gérard dit qu'il finira son verre.
9. Il ne sait pas qu'il touchera la prime de Johnny.
10. Gérard ne sait pas qu'il mourra après.

VI. Répondez sur le modèle suivant:

® **Je pourrai me reposer.**
Oui, ça vous permettrait de vous reposer.

Je pourrai... 1. me coucher.
2. m'endormir.
3. m'arrêter de travailler.
4. m'occuper d'autre chose.
5. m'en aller.
6. m'installer.

VII. Répondez sur le modèle suivant:

Johnny est mort. Il est arrivé.
Johnny est mort en arrivant.

1. Il a donné sa prime à Gérard. Il est mort.
2. Gérard a rêvé. Il a dormi.
3. Gérard se sentait bien. Il a bu du whisky.
4. L'ingénieur n'oubliera pas Gérard. Il fera son rapport.
5. Gérard était content. Il s'est mis au volant.
6. Il a ralenti. Il a pris le virage.
7. Il est mort. Il a conduit le camion.
8. Il est mort. Il a voulu vivre.

VIII. Répondez sur le modèle suivant:

® **Ça suffit.**
Ça ne suffira pas.

1. Le frein à main, c'est assez.
2. Gérard peut freiner.
3. Gérard va lentement.
4. Gérard fait les cent kilomètres lentement.
5. Gérard prend le dernier virage.
6. Gérard vit dans le bonheur.
7. Gérard meurt dans une maison.
8. Ses amis le voient mourir.

IX. Complétez les phrases suivantes en vous servant des éléments contenus dans le texte:

1. Gérard pouvait dormir sans danger parce que...
2. Pour Gérard, c'était le repos. Pour Johnny, c'était...

3. Gérard dit qu'il n'a pas pu freiner à temps parce que...
4. Gérard aura deux mille dollars parce que Johnny, avant de mourir,...
5. Si un chauffeur emmène Gérard à Las Piedras, ça lui permettrait...
6. Gérard n'a pas dit à l'Américain...
7. A quatre-vingts kilomètres le camion ne roule plus, il...
8. C'est un jeu pour Gérard de prendre les virages: il freine,...
9. Il y a un bruit sec parce que...
10. Gérard s'accroche au volant mais...

X. Racontez l'histoire en vous servant des indications suivantes:

Le sommeil de Gérard; l'enterrement de Johnny; l'entrevue dans la baraque; les questions et les déclarations de l'ingénieur; la proposition de l'ingénieur; les intentions de Gérard; son départ; la vitesse; le dernier virage; le frein; la transmission; le précipice.

Vocabulaire

From this vocabulary the following types of words have been omitted: articles and their contractions; demonstrative and possessive adjectives; demonstrative, interrogative, personal, possessive, reflexive, and relative pronouns; numbers; most proper names; and recognizable cognates.

To facilitate the use of the all-French vocabulary, a small list of key-words appears after the list of abbreviations, the "définissants." A thorough understanding of these basic words will clarify a great many definitions.

The following abbreviations have been used:

adj.	adjectif	*interr.*	interrogatif
adv.	adverbe	*m.*	masculin
cond.	conditionnel	*nég.*	négatif
conj.	conjonction	*p. simp.*	passé simple
dém.	démonstratif	*part.*	participe
D.	dessin	*pers.*	personnel
Ex.	exemple	*pl.*	pluriel
exp.	expression	*pop.*	populaire
f.	féminin	*prép.*	préposition
fam.	familier	*prés.*	présent
fut.	futur	*pro.*	pronom
impér.	impératif	*sing.*	singulier
impf.	imparfait	*subj.*	subjonctif
interj.	interjection	*v.*	verbe

*   mot dont la forme et le sens sont identiques ou apparentés aux mots anglais
\#   faux ami, mot dont la forme suggère un mot anglais mais dont le sens n'est pas le même
†   le contraire

Définissants

chose *f.*   objet, ce qui existe

corps *m.*   partie matérielle. Ex. Le corps de l'homme est chaud.

endroit *m.*   lieu, place déterminée. Ex. A quel endroit êtes-vous quand vous mangez? —A table.

état *m.*   ce qu'on est. Ex. Cette auto est dans un mauvais état: le moteur est cassé et elle a seulement trois roues.

marquer*   montrer, servir de signe. Ex. Le verbe marque l'action dans une phrase.

matière *f.*   chose solide, substance

membre *m.*   partie du corps. Ex. Les deux bras et les deux jambes sont les quatre membres du corps de l'homme.

moyen *m.*   façon, méthode. Ex. Par quel moyen de transport allez-vous en France? Par avion ou par mer?

objet *m.*   chose. Ex. Le livre, la lampe, la chaise, la balle sont des objets.

on (sujet indéfini)   Ex. On parle français en France. On achète un chapeau dans un magasin.

organe* *m.*   partie du corps qui a une fonction. Ex. Le nez est un organe.

partie* *f.*   division. Ex. Les deux jambes, les deux bras, la tête et le tronc sont les parties du corps.

quelque chose *m.*   une chose. Ex. Quelque chose est tombé. Qu'est-ce que c'est?

quelqu'un *m.*   une personne

récipient* *m.*   vase pour un liquide. Ex Une bouteille est un récipient.

vêtement *m.*   ce qui couvre le corps. Ex. La chemise est un vêtement.

A

accélérer* aller plus vite; activer

accepter* prendre ce qui est offert; consentir

accompagner* aller avec

accord* *m.* conformité, convention; **d'—?** n'est-ce pas?; **d'—** Oui. Bien.

accroché (part. passé de **accrocher**) attaché. D. p. 80

accrocher suspendre; **s'—** s'attacher

acheter prendre une chose en payant; †vendre. Ex. Le marchand vend et le client achète.

adhérer* être fortement attaché, coller

adieu (*interj.*) au revoir

affreux (*adj., f.* **affreuse**) terrible

agité* (*adj.*) †calme

aider* assister. Ex. Aidez-moi, je suis tombé dans le lac!

aïe! (*interj.*) exclamation de douleur, d'agonie

aiguille *f.* Ex. La petite aiguille d'une montre marque les heures. Ex. Sur le cadran l'aiguille indique 36 km. à l'heure. D. p. 56

aimer Ex. Roméo aime Juliette.

allaient (impf. de **aller**)

allemand *m.* langue parlée par les Allemands. Ex. Hitler était Allemand. Il parlait allemand.

aller (verbe de mouvement) Ex. Il va à Paris; **s'en—** partir, aller loin; quitter

allez! (impér. de **aller**); **—-vous-en!** Partez!

allumer faire prendre feu. Ex. Tu as du feu pour allumer ma pipe?

allumette *f.* petit morceau de bois qui brûle quand on le frotte. Ex. L'allumette allume la pipe. D. p. 26

alors (*adv.*) à ce moment; en ce cas-là. Ex. Il est riche. —Marie-toi avec lui, alors.

ami *m.* personne qu'on aime et qui n'est pas membre de la famille

amitié *f.* état d'être ami, attachement mutuel, affection

amortisseur *m.* machine qui neutralise les chocs. D. p. 40

ampoule *f.* récipient de verre, qui renferme le filament d'une lampe électrique. D. p. 74

amuser*, s'— faire des choses amusantes

anglais *m.* Ex. Les Américains parlent anglais.

annoncer* déclarer; proclamer. Ex. Le président annonce une nouvelle taxe par la radio.

appel *m.* action d'appeler, cri

appeler faire venir. Ex. Jean, appelle ton père au téléphone!

appelle (prés. de **appeler**)

approcher*, s'— s'avancer; aller vers un endroit

appuie (prés. de **appuyer**)

appuyer presser sur; pousser

après (*adv.*) †avant

après-midi *m. ou f.* partie du jour entre midi et le soir

argent *m.* Ex. Un homme riche a beaucoup d'argent.

arrêt *m.* **sans—** continuellement

arrêter stopper. Ex. L'agent de police lève la main pour arrêter cette auto. **s'—** stopper, ne pas aller plus loin. Ex. L'agent de police lève la main et l'auto s'arrête.

arrière (*adj.*) postérieur

arrière *m.* partie postérieure

arrivant (part. prés. de **arriver**); **en—** action d'arriver dans le présent

arrivée *f.* action d'arriver

arriver* venir à un endroit

asseoir, s'— se mettre sur une chaise

asseyent, s'— (prés. de **s'asseoir**)

assez (*adv.*) quantité suffisante

assieds-toi (impér. de **s'asseoir**)

assis (part. passé de **asseoir**)

attaché* (part. passé de **attacher**) fixé. Ex. Le ski est attaché à la jambe.

attacher* fixer. Ex. Il attache le chien avec une corde.

attend# (prés. de **attendre**)

attendent (prés. de **attendre**)

attendez! (impér. de **attendre**)

attendre Ex. Il veut être soldat. Il a douze ans. Il faut attendre six ans. A dix-huit ans, il peut être soldat.

attraper prendre avec force; saisir

aucun (*adj.*) pas un; pas de. Ex. Je ne fais aucun bruit parce que j'aime le silence.

au-dessus de (*adv.*) plus haut que. Ex. L'avion vole au-dessus de l'océan.

au-devant de (locution prépositionnelle); **aller—** aller à la rencontre de

augmenter devenir plus grand

auparavant (*adv.*) avant ce temps

auprès de (*adv.*) près de

aura (fut. de **avoir**); **il y—** (fut. de **il y a**)

aussi (*adv.*) également; de plus; de même. Ex. Jean a deux francs. Pierre a deux francs. Jean est aussi riche que Pierre.

autour (locution prépositionnelle) Ex. Le satellite tourne autour de la terre.

autre (*adj.*)   différent

autre (*pro.*)   personne différente

avait (impf. de **avoir**)

avance *f.*   mouvement en avant; **être en—** †être en retard; **d'—** par anticipation

avancer*   aller en avant; **s'—** aller en avant

avant (*adv.*)   †après.   Ex. Le premier train arrive avant midi; l'autre arrive après deux heures; **en—**!   Avançons!

avec (*prép.*)   qui accompagne.   Ex. Venez avec moi, j'ai quelque chose pour vous.

aveuglant (*adj.*)   qui prive de la vision. Ex. Le soleil sur la neige fait une lumière aveuglante.

aveugler   rendre aveugle, priver de la vision des yeux.   Ex. Le soleil aveugle le pilote.

avions (impf. de **avoir**)

avoir (qui marque la possession); **y—** exister.   Ex. Il y a deux personnes ici: vous et moi.

axe# *m.*   ligne droite qui indique une direction.   D. p. 102

B

ballotter   se mettre en mouvement, être agité

bande* *f.*   Ex. Il y a une bande de papier autour des enveloppes.

banquette *f.*   Ex. On s'assied sur une banquette dans un camion ou dans une auto.

baraque *f.*   petite maison dont la construction n'est pas très solide

barre* *f.* **— de fer**   Ex. L'ouvrier pousse la pierre avec une barre de métal.   D. p. 102

barrière* *f.*   construction qui arrête les autos ou les personnes

bas (*adj., f.* **basse**)   †haut.   Ex. Le mur est bas, la maison est haute.; **en—** dans la direction de la terre

bateau *m.*   Ex. Un bateau est pour voyager sur l'eau.

beaucoup (*adv.*)   grande quantité, †peu. Ex. Un millionnaire a beaucoup d'argent.

besoin *m.*   fait de manquer de choses nécessaires; **avoir— de.**   Ex. Il n'a pas de papier. Il a besoin de papier pour écrire.

bien (*adv.*)   ce qui est bon.   Ex. Vous parlez bien le français.

bientôt (*adv.*)   après peu de temps

biscuit* *m.*   sorte de pain dur pour le voyage

blanc (*adj., f.* **blanche**)   de la couleur du papier, de la neige, etc.

blessé *m.*   homme qui a une blessure. Ex. Dans cet accident d'auto il y a eu trois blessés: deux hommes et une femme.

blessure *f.*   endroit où on s'est fait mal. Ex. Le garçon a une blessure au genou.

bleu (*adj.*)   de la couleur du ciel quand il fait beau

bleu-noir *m.*   couleur composée de bleu et de noir

bloqué* (*adj.*)   immobilisé

bloquer*   immobiliser

boire   Ex. On mange des carottes mais on boit des liquides.

bois (impér. de **boire**)

boisson *f.*   Ex. Le café, le thé, le rhum, le coca-cola sont des boissons.

boit (prés. de **boire**)

boivent (prés. de **boire**)

bon (*adj.*)   †mauvais.   Ex. Alain est bon en français: il a un A.   Mais Jules est mauvais: il a un D.

bond# *m.*   saut, action brusque.   Ex. Les kangourous font des bonds quand ils vont d'un endroit à un autre.

bonheur *m.*   †malheur; état d'être heureux, content

bord* *m.*   limite, extrémité d'une surface. Ex. Il y a des arbres au bord de la route. D. p. 34

bosse *f.*   colline en miniature.   D. p. 40

bouche *f.*   partie du visage qui sert à parler et à manger.   D. p. 74

boue *f.*   terre mouillée, terre pleine d'eau

bouger   faire un mouvement

boulon *m.*   petit cercle de métal pour attacher un écrou.   D. p. 20

boum! (*interj.*)   bruit que fait une explosion

bout# *m.*   extrémité.   Ex. Il a lu le livre d'un bout à l'autre; petit morceau. Ex. Un bout de pain.

bouteille *f.*   récipient pour liquides.   D. p. 42

bras *m.*   partie du corps entre l'épaule et la main.   Ex. J'ai deux bras et deux jambes.

bref* (*adj., f.* **brève**)   en peu de mots; †long

brillant* (*adj., f.* **brillante**)   Ex. La lampe est brillante.   La cave n'est pas brillante, elle est sombre.

briller donner ou sembler donner de la lumière. D. en face de la p. 1.

bruit *m.* son, tout ce qu'on entend. Ex. Les garçons font du bruit quand ils jouent. Crac! et boum! sont des bruits.

brûlant *(adj.)* qui brûle. Ex. Le sable est brûlant au désert.

brûler Ex. Il fume une cigarette. La cigarette brûle.

brusquement (*adv.*) soudainement

brutalement* (*adv.*) d'une manière brutale

bureau# *m.* pièce où l'on travaille; grande table avec des tiroirs où l'on travaille

C

ça (pro. dém., abréviation de **cela**) —**y est** c'est fait; —**va** c'est bien

cabine* *f.* Ex. Le chauffeur du camion est dans la cabine du camion.

câble* *m.* corde lourde et grosse

cadavre* *m.* corps mort. Ex. Le chien est mort. Voilà son cadavre.

café *m.* boisson noire qu'on fait avec des grains importés du Brésil, etc.; maison où l'on prend du café et d'autres boissons

caler s'arrêter brusquement

calme* (*adj.*) tranquille

calmement* (*adv.*) tranquillement

camarade* *m.* bon ami

camion *m.* gros véhicule pour le transport des marchandises. D. p. 8

campagne *f.* les champs, les prairies, les bois; †la ville

car# (*conj.*) parce que

carte# *f.* plan qui montre la géographie, les routes, etc.

cas *m.* circonstance, situation

cassé (part. passé de **casser**) fracturé

casser mettre en deux ou en plusieurs morceaux; fracturer

casserole* *f.* ustensile de cuisine. D. p. 70

ceinture *f.* bande pour tenir un pantalon à sa place. D. p. 80

celui (*pro. dém.*) — -**ci** marque la personne qui vient d'être mentionnée dans une phrase

cent (*adj.*) 100

centimètre* *m.* Ex. Il y a 100 centimètres dans un mètre.

centre* *m.* Ex. Un point est au centre d'un cercle.

cependant (conj. qui marque une opposi-tion) Ex. Il marche lentement; cependant, il va arriver avant nous.

chaleur *f.* qualité de ce qui est chaud; †froid

chance* *f.* bonne fortune. Ex. —Je vais passer mon examen maintenant. —Bonne chance!

changer* devenir autre; remplacer

chaotique* (*adj.*) qui est dans un état de chaos

chaque (*adj.*) Ex. Il y a dix livres et dix élèves. Chaque élève a son livre.

chargé (*adj.*) Ex. Il y a beaucoup de choses dans le camion; il est chargé.

chargement *m.* ce qu'il y a dans un camion ou dans un train

chassé (part. passé de **chasser**) Ex. Macgregor a chassé Pierre Lapin du jardin.

chasser prendre ou tuer des animaux sauvages; faire partir

chaud (*adj.*) †froid. Ex. Il fait chaud en été et froid en hiver.

chauffer rendre chaud; devenir chaud. Ex. Les radiateurs chauffent mon appartement en hiver.

chauffeur* *m.* homme qui conduit un camion, un taxi

chef *m.* homme qui commande, qui est à la tête d'un groupe

chemise *f.* vêtement qui couvre la poitrine et les bras d'un homme

chèque* *m.* Ex. On touche un chèque à la banque et on reçoit une certaine somme d'argent.

cher (*adj.*, *f.* **chère**) que l'on aime beaucoup; d'un grand prix

chercher essayer de trouver en regardant. Ex. Je n'ai pas mon crayon. Je cherche dans mes poches.

cheveu *m.* Ex. Je suis blond, j'ai les cheveux blonds. **épingle à**—**x** fil qui sert à garder les cheveux d'une femme en place. D. p. 32

chez (*prép.*) à la maison de, au bureau de

chien *m.* animal domestique. Ex. Le chien est le meilleur ami de l'homme.

choc* *m.* coup, explosion

choisi (part. passé de **choisir**)

choisir* prendre de préférence

chose *f.* objet

ciel *m.* atmosphère au-dessus de la terre. Ex. L'avion vole dans le ciel.

ciment* *m.* substance dure comme la pierre, et grise. Ex. Certaines routes sont faites de ciment.

clair* (*adj.*) lumineux; brillant

claquer fermer avec bruit

clef *f.* petite barre de métal qui ouvre ou ferme la serrure d'une porte ou qui fait un contact avec le moteur. D. p. 26; — **anglaise** outil servant à tourner les boulons. D. p. 40

coffre *m.* boîte pour les outils

colère *f.* irritation ; **être en**— être furieux

colline *f.* petite montagne

combien (*adv.*) quelle quantité de ? Ex. Combien de mains avez-vous ? J'ai deux mains.

comme (*conj.*) marque la comparaison. Ex. Vous êtes belle comme une rose. ; —**cela** de cette façon

commencer* †finir

comment# (*adv.*) de quelle façon. Ex. —Comment allez-vous ? —Je vais bien, merci.

compagnie* *f.* Ex. La Crude Oil, Shell, General Motors sont des compagnies.

compliqué (*adj.*) complexe; †simple

comprend (prés. de **comprendre**)

comprendrai (fut. de **comprendre**)

comprendre trouver le sens. Ex. Il comprend la phrase.

comprenez (prés. de **comprendre**)

compris (part. passé de **comprendre**)

conduire faire marcher une chose, une personne, un animal; mener; guider

connaissait (impf. de **connaître**)

connaissance *f.* faculté de sentir, de recevoir des impressions

connaître Ex. Qui est cet homme ? Je ne le connais pas. —Oh, c'est Paul Dupont.; savoir les forces et les faiblesses

constant* (*adj.*) qui continue

construire fabriquer. Ex. Les maçons construisent les maisons.

construit (part. passé de **construire**)

continu* (*adj.*) qui ne s'arrête pas

continuer* aller plus loin

contre (*prép.*) opposé à. Ex. David contre Goliath, Harvard contre Yale.; très près. Ex. La mère tient son bébé contre elle.

copain *m.* camarade

corde* *f.* câble

corps *m.* forme matérielle. Ex. Le corps d'un bébé est plus petit que celui d'un homme.

côte *f.* bord de la mer. Ex. San Francisco est sur la côte du Pacifique.

côté *m.* partie latérale ; **à**—**de** (locution adverbiale) auprès de. Ex. Johnny est assis à côté de Gérard, dans le camion. D. p. 20

coton* *m.* matière blanche. Ex. Cette robe est en coton et les bas sont en nylon.

cou *m.* partie du corps entre la tête et la poitrine. Ex. Il met sa cravate autour du cou. D. p. 74

couché (part. passé de **coucher**)

coucher, se se mettre dans une position horizontale

coucher *m.* **le**— **du soleil** action du soleil qui descend à l'horizon. D. p. 22 ; †lever du soleil

couler Ex. L'eau du Mississippi coule vers l'océan.

coup *m.* grand bruit; détonation de revolver; action de frapper

courbe *f.* endroit où la route fait un tournant. D. p. 32

courir aller vite; tourner très vite

court# (prés. de **courir**)

coûter Ex. J'achète la cravate à un dollar; elle coûte un dollar.

couverture *f.* Ex. Sur un lit il y a deux draps blancs et une couverture chaude.

couvrir mettre une chose sur une autre pour la protéger ; —**la distance** faire la distance

cracher faire sortir de la bouche. Ex. Les canons crachent du feu !

crâne *m.* **sous le**— dans la tête

cratère* *m.* grand trou. Ex. Sur la lune il y a beaucoup de cratères.

crème* *f.* Ex. Il préfère de la crème dans son café.

crépuscule *m.* lumière entre le coucher du soleil et la nuit

crevasse* *f.* Ex. Sur le glacier il y a des crevasses.

cri* *m.* Ex. Il pousse un cri: «Aidez-moi ! »

criant (part. prés. de **crier**)

crie (prés. de **crier**)

crier* appeler ou dire d'une voix forte. Ex. Les enfants crient: «Maman».

crise* *f.* attaque; — **de nerfs** agitation extrême des nerfs

croire penser. Ex. Elle est riche ? —Je ne crois pas.

crois (prés. de **croire**)

croyait (impf. de **croire**)

cruel* (*adj.*, *f.* **cruelle**) qui fait souffrir

D

dangereusement* (*adv.*) d'une manière dangereuse

dangereux* (*adj., f.* **dangereuse**) plein de danger

dans (*prép.*) à l'intérieur

danser* Ex. Ils dansent la polka.

debout (*adv.*) sur les pieds; vertical; †assis. Ex. Le professeur est debout au tableau noir mais les élèves sont assis.

débrayer arrêter le contact entre le moteur qui tourne et les roues

débraie (prés. de **débrayer**)

débutant* *m.* personne qui commence

décidément* (*adv.*) sans aucun doute

décider*, se—à arriver à la décision

déjà (adv. qui marque que l'action est faite avant). Ex. Il est neuf heures. Est-ce que Suzanne est toujours là? Non, elle est déjà partie. Elle est sortie il y a cinq minutes.

déjeuner *m.* repas au milieu du jour; petit— premier repas du jour

délire* *m.* trouble mental causé par une forte fièvre

demander* questionner; faire savoir qu'on a besoin d'une chose. Ex. Il demande 150 francs pour sa bicyclette mais il va accepter 140 francs.

démarrer partir, faire marcher le moteur

démarreur *m.* contact pour mettre le moteur en marche

demi (*adj.*) moitié. Ex. Il y a 30 minutes dans une demi-heure.; —tour *m.* une demie révolution. D. p. 32

dent# *f.* Ex. Quand j'ai mal aux dents, je vais chez le dentiste.

départ* *m.* action de partir

dépasser passer devant une automobile, un camion, etc.; aller plus vite qu'un autre. Ex. Le premier a dépassé tous les autres.

déposer mettre

depuis (*adv.*) marque le moment où une action a commencé, ou le temps qui a passé. Ex. Nous sommes en classe depuis cinq minutes car il est neuf heures cinq et la classe a commencé à neuf heures.

dérivation# *f.* détour

dernier (*adj., f.* **dernière**) †premier. Ex. Le dernier jour de l'an est le 31 décembre.

derrick* *m.* Ex. Il y a beaucoup de derricks dans le Texas. D. en face de la p. 1

derrière (*prép.*) †devant. Ex. La classe est devant le professeur et le tableau noir est derrière lui.

descendre* aller plus bas; †monter. Ex. Il descend de la montagne.

descente* *f.* action de descendre

déserté* (part. passé de **déserter**) abandonné

désir* *m.* action de désirer

désirer* vouloir posséder

dessus (*adv.*) sur; à la surface de

détacher*, se †monter, attacher

détail* *m.* petite partie, petite section

détruire démolir; mettre en ruines

détruit (part. passé de **détuire**)

devant (*adj.*) †derrière. Ex. Le professeur est devant la classe.

devenir action de changer. Ex. Un bébé devient un enfant; un enfant devient un adolescent; un adolescent devient un homme.

devenu (part. passé de **devenir**)

devient (prés. de **devenir**)

devoir être obligé de

diable* *m.* démon; l'ennemi de Dieu

difficile (*adj.*) †facile. Ex. Il est difficile de travailler la nuit: il est plus facile de dormir.

difficulté* *f.* chose difficile; problème

diminuer devenir plus petit; †augmenter

dire faire savoir en parlant. Ex. Il dit «bonjour»

directement* (*adv.*) sans changer de direction

diriger* Ex. Le chef d'orchestre dirige les musiciens.

disait (impf. de **dire**)

discuter* parler de

disparaître cesser d'être visible; partir. Ex. Voici un lapin dans un chapeau. Et pfuitt! Le lapin disparaît!

disparu (part. passé de **disparaître**)

distinctement* (*adv.*) clairement

dit (prés. de **dire**; part. passé de **dire**)

docile* (*adj.*) qui obéit

docilement* (*adv.*) sans protester

doit (prés. de **devoir**)

donner administrer; causer; mettre dans la possession d'une autre personne. Ex. Le Père Noël donne beaucoup de choses aux enfants.

dont (*pro. relatif*) de qui

dormeur *m.* homme qui dort

dormir se reposer la nuit. Ex. Je dors huit heures la nuit.

dort (prés. de **dormir**)

dos *m.* †poitrine. Ex. L'alpiniste porte un sac sur son dos.

doucement (*adv.*) avec soin, avec attention, sans violence, lentement

doute* *m.* †certitude; **sans—** probablement

doux (*adj.*) †violent. Ex. Les enfants qui dorment sont doux. †dur. Ex. Je touche le lapin. Il est doux.

dresser# monter, construire

droit (*adj.*) †gauche. Ex. On écrit avec la main droite.; qui n'est pas courbé; direct

droit (*adv.*) directement; devant soi, sans tourner à droite ou à gauche

drôle* (*adj.*) amusant; bizarre

dupé* (part. passé de **duper**)

duper* attraper par surprise

dur (*adj.*) difficile, solide, qui résiste

durer continuer, exister dans le temps. Ex. L'hiver dure longtemps cette année; le printemps n'arrive pas.

dynamitero *m.* soldat espagnol qui travaille avec de la dynamite.

E

eau *f.* Ex. Le symbole chimique de l'eau est H_2O.

éclair *m.* décharge électrique entre deux nuages. Ex. On entend le tonnerre après avoir vu l'éclair.

éclairer donner de la lumière. Ex. Cette pièce est éclairée par trois lampes.

école *f.* maison où l'on apprend

écouter faire attention aux sons. Ex. J'écoute avec les oreilles.

écraser faire tomber et blesser quelqu'un avec un véhicule. Ex. L'autobus écrase ce jeune homme.; exercer une forte pression. Ex. La foule en panique écrase l'enfant.

écriteau *m.* Ex. Cet écriteau dit danger. D. p. 82

élévation* *f.* hauteur. Ex. Un chalet des Alpes est à une grande élévation.

élève *m. ou f.* personne qui étudie à l'école

éliminer* Ex. Le champion a éliminé tous ses rivaux.

embrayage *m.* partie du moteur où les roues sont mises en contact avec le moteur

embrayer établir le contact entre le moteur qui tourne, et les roues

émerger* sortir à la surface

emmener conduire loin d'un endroit

emmènera (fut. de **emmener**)

emploi *m.* travail

emporter partir avec

en (*prép.*) dans

en (*pro.*) Ex. Voici des pommes. Nous en prenons deux. (en = pommes)

encore (*adv.*) de nouveau, davantage

endormi (part. passé de **endormir**) qui dort

endormir, s'— commencer à dormir

endroit *m.* place déterminée. Ex. Mon trésor est dans un endroit secret.

enfin (*adv.*) marque la conclusion; à la fin. Ex. La classe dure 40 minutes et enfin la cloche sonne!

enfoncé (*adj.*) qui n'est pas à la surface

enfoncer pénétrer

engagé (*adj.*) employé

engager prendre comme employé

enlevé (part. passé de **enlever**)

enlever ôter; †placer; †mettre. Ex. Un homme enlève son manteau quand il entre dans la maison.

ennemi* (*adj.*) †ami

énorme* (*adj.*) très grand

enrouler Ex. Le câble s'enroule entre les double roues. D. p. 102

ensemble (*adv.*) †séparément

ensuite (*adv.*) puis, après

entend (prés. de **entendre**)

entendre percevoir des sons par les oreilles. Ex. Je vois les fleurs avec les yeux; j'entends la musique avec les oreilles.

enterrer mettre dans la terre

enthousiaste* (*adj.*) exalté, passionné; †indifférent

entier* (*adj.*) total; tout; complet

entièrement (*adv.*) complètement, totalement

entre (*prép.*) Ex. 7 est entre 6 et 8.

entrer aller dans un endroit; **— dans le jeu** entrer en action

envelopper* mettre autour, couvrir avec. Ex. Le marchand enveloppe la viande dans du papier.

envoyer faire aller, expédier. Ex. Envoyez-moi cette lettre!

épaule *f.* partie du corps qui attache le bras au corps

épingle *f.* **— à cheveux** Ex. Les femmes se mettent des épingles dans les cheveux. D. p. 32

épuisé (*adj.*) extrêmement fatigué; sans force

équipé* (part. passé de **équiper**) avec de l'équipement

erreur* *f.* jugement incorrect

éruption* *f.* explosion volcanique

espace* *m.* place; ce qu'il y a entre les

planètes et les étoiles. Ex. Les astro-
nautes vont dans l'espace.

Espagnol *m.* qui vient d'Espagne

espera (impér. du verbe espagnol *es-
perar*) attendez

essaie (impér. de **essayer**)

essayer faire des efforts

essence *f.* liquide tiré du pétrole et qui
sert à faire marcher les autos

et (conj. qui unit deux choses) Ex.
Elle est jeune et belle.

était (impf. de **être**)

état *m.* manière d'être. Ex. Ce chapeau
est en mauvais état: il a des trous.
Ce chapeau est en bon état: il est
magnifique! D. p. 8

été (part. passé de **être**)

éteindre arrêter un feu; †allumer

éteint (prés. de **éteindre**)

éternel* (*adj.*) perpétuel

éternité* *f.* temps qui n'a pas de
limites

êtes (prés. de **être**)

étincelle *f.* petit fragment qui brûle.
D. en face de la p. 1

étoile *f.* astre fixe qui brille par sa
propre lumière. Ex. La nuit, les étoiles
brillent dans le ciel.

étonné (part. passé de **étonner**) stupéfait

étonner mettre dans une grande surprise. Ex. Je suis étonné de voir de la
neige en juin: cela n'arrive jamais.

étrange* (*adj.*) extraordinaire, bizarre

être exister. Ex. Hamlet: «Être ou ne
pas être, voilà la question.»

étroit (*adj.*) †large. Ex. Cette porte
est étroite. Le gros monsieur ne peut
pas passer.

étudier Ex. Les étudiants vont à l'école
ou à l'université pour étudier.

eu (part. passé de **avoir**)

évanouir, s'— perdre connaissance

évanouissement *m.* perte de connaissance. Ex. L'évanouissement du
boxeur dure 10 secondes. L'autre
boxeur est le nouveau champion!

évidemment* (*adv.*) sans aucun doute;
c'est clair

exactement (*adv.*) précisément

exagéré* (part. passé de **exagérer**)
extrême

examen *m.* Ex. A la fin de l'année il y
aura des examens.

examiner* regarder de très près

exemple* *m.* Ex. Un exemple de
multiplication est 2 × 4 = 8.

exister* être; vivre

expert* (*adj.*) †ignorant

expliquer* donner des explications. Ex.
Si vous ne comprenez pas, le professeur
va expliquer.

exploser* faire explosion; sauter

explosif* *m.* ce qui fait une explosion

explosion* *f.* Ex. L'explosion d'une
bombe est dangereuse.

extrêmement (*adv.*) très. Ex. Un cobra
est extrêmement dangereux.

F

façon* *f.* manière. Ex. Il y a deux
façons d'aller en Europe: en bateau ou
en avion.

faible (*adj.*) †fort

faiblesse *f.* absence de force, de
solidité, de capacité

faire former; produire une chose; com-
mettre une action; marcher; —**mal**
causer de la douleur. Ex. Quand je me
casse la jambe, elle me fait mal.

faisaient (impf. de **faire**)

fait (prés. de **faire**)

fallait (impf. de **falloir**)

falloir être nécessaire

famille* *f.* Ex. Le père, la mère et les
enfants composent la famille.

fatigué (*adj.*) qui n'a plus d'énergie.
Ex. Si vous travaillez beaucoup, vous
êtes fatigué. Vous désirez dormir.

fatigue* *f.* Ex. La fatigue est causée
par un travail prolongé.

faut, il (prés. de **falloir**) être nécessaire

faute *f.* ce qui n'est pas correct. Ex. Il
y a deux fautes dans: vous parle
français.

fenêtre *f.* ouverture dans un mur pour
donner de la lumière et de l'air

fer *m.* métal noir ou gris avec lequel
on fait beaucoup d'objets. Ex. La
locomotive roule sur les rails de fer.;
symbole chimique: Fe

ferait (cond. de **faire**)

ferme (*adj.*) solide, qui ne change pas

fermer Ex. Fermez la porte. Il fait froid.

feront (fut. de **faire**)

fêter avoir une fête, célébrer. Ex. Le
25 décembre on fête Noël.

feu *m.* combustion de papier ou de
bois en général. Ex. Le bois brûle,
c'est un feu. D. p. 8

feuille *f.* Ex. Cette feuille est le symbole
du Canada. D. p. 88. page d'un livre

fifille *f.* garçon ou homme timide, qui n'est pas viril

figure# *f.* visage (partie de la tête)

fixe* (*adj.*) immobile

flamme* *f.* Ex. Il faut une flamme pour allumer une cigarette.

fois *f.* (marque la quantité ou le moment) Ex. Deux fois deux font quatre $(2 \times 2 = 4)$.

fond *m.* **au—** en bas. D. p. 48

forme* *f.* configuration, conformation. Ex. Un triangle est une forme géométrique.

former# donner une forme particulière

fort (*adj.*) †faible. Ex. Hercule est très fort.

fort (*adv.*) très, beaucoup

fou (*adj.*) **—de terreur** dans une terreur extrême

fou *m.* personne qui a perdu la raison

français (*adj.*) de France; *m.* langue qu'on parle en France

Français *m.* homme qui vient de France

frapper donner des coups

frein *m.* instrument pour arrêter une voiture. Ex. Le chauffeur touche le frein avec le pied. Voilà. L'auto s'arrête. D. p. 40; **—à main** Ex. Avant de quitter l'auto, vous mettez le frein à main pour être certain qu'elle ne roulera pas. D. p. 40

freiner Ex. Le chauffeur arrête le camion avec le frein. Il freine. D. p. 40

frottant (part. prés. de **frotter**)

frotter passer la main plusieurs fois sur un objet

fumée *f.* Ex. Il fume une cigarette. La fumée grise monte en l'air.

fumer brûler du tabac en aspirant la fumée. Ex. Je fume un cigare.

furieux* (*adj.*) enragé

fût *m.* tonneau. D. p. 26

G

gagner recevoir de l'argent pour un travail. Ex. Il travaille et il gagne de l'argent pour son travail.; triompher. Ex. Dans un match de football une équipe gagne et l'autre perd. Yale—30, Brown—28. Qui gagne?

gangrène* *f.* mort locale des tissus du corps. Ex. L'amputation est un remède pour la gangrène.

garder* maintenir; ne pas changer

gauche (*adj.*) †droite. Ex. La majorité des personnes écrivent avec la main droite; la minorité avec la main gauche.

gaz* *m.* Ex. L'hydrogène, l'oxygène et l'hélium sont des gaz.

geste* *m.* mouvement qu'on fait avec le bras et la main. Ex. Les Français et les Italiens font des gestes quand ils parlent.

gigantesque (*adj.*) très grand, énorme

glace *f.* eau devenue solide à cause d'une température inférieure à 32°F. Ex. On fait de la glace dans un frigidaire.

glacé (*adj.*) **café—** café refroidi par de la glace. D. p. 26

glisser passer rapidement et légèrement. Ex. Le toboggan glisse sur la neige.

glu* *f.* Ex. La glu adhère aux surfaces.

gluant (*adj.*) qui adhère comme la glu

gomme *f.* **Mets la—!** Fais marcher le moteur au maximum!

gorge *f.* partie du cou. D. p. 74

goupille *f.* morceau de métal. D. p. 40

goutte *f.* petite partie sphérique d'un liquide. Ex. Les gouttes de pluie. D. p. 14

grand (*adj.*) qui occupe beaucoup de place; important; †petit

gronder réprimander. Ex. Le professeur gronde l'élève paresseux.

gros (*adj.*, *f.* **grosse**) large, grand

groupe* *m.* ensemble de personnes

guerre *f.* hostilités entre deux peuples. Ex. La deuxième guerre mondiale a duré de 1939 à 1945.

guider* conduire; donner des directions

guirlande *f.* Ex. Il y a une guirlande de fleurs sur les portraits. D. p. 74

H

habitant* *m.* personne qui habite un lieu

habiter* Ex. J'habite à Paris; mon appartement est à Paris.

Halte! (*interj.*) Ex. Ne continuez plus!

hangar* *m.* construction ouverte sur les côtés

haut (*adj.*) †bas. Ex. La Tour Eiffel est haute, ce pont n'est pas haut.

haut *m.* partie supérieure. D. p. 70

hein? (*interj. interr.*) n'est-ce pas?; «Comment?»; «Qu'est-ce que tu dis?»

heure *f.* 60 minutes

heureusement (*adv.*)   c'est une bonne chose de
heureux *m.*   homme content
histoire* *f.*   récit, aventure racontée; **sans —s** sans incidents, difficultés
holà! (*interj.*)   bonjour!
homme *m.*   Ex. Adam est le premier homme.
hôtel* *m.*   grande maison pour les touristes
hurlement *m.*   cri fort
hurler   crier très fort

I

ici (*adv.*)   **d'— là** jusqu'à ce moment
idée* *f.*   notion, pensée
illuminer*   éclairer vivement. Ex. La lampe sur ma table illumine le livre.
il y a (prés. de **avoir** avec adv. de lieu)   il est, il existe
imaginaire* (*adj.*)   ce qui existe dans l'imagination
immense* (*adj.*)   très grand
immergé* (*adj.*)   dans un liquide
implacable* (*adj.*)   que rien ne peut arrêter
impur* (*adj.*)   †pur
incendie* *m.*   grand feu. Ex. En été il y a beaucoup d'incendies dans les forêts. La destruction est énorme.
incolore (*adj.*)   sans couleur. Ex. L'eau est incolore, mais le café est noir.
indescriptible* (*adj.*)   impossible à décrire; extraordinaire
indiquer*   montrer
inerte* (*adj.*)   sans activité
infernal* (*adj.*)   diabolique
ingénieur *m.*   technicien
inhumain* (*adj.*)   féroce; implacable
insister*   répéter plusieurs fois ce qu'on demande; dire avec force
instable* (*adj.*)   qui a tendance à changer; †stable
installer*   mettre en place; **s'—** se mettre, s'asseoir
inutile (*adj.*)   qui ne sert à rien; †utile
intéresser*   exciter, stimuler
inventé* (*adj.*)   fait, créé
Italien* *m.*   homme qui vient d'Italie

J

jamais (*adv.*)   †toujours. Ex. Ce garçon ne prépare jamais ses leçons: il a un F.

jambe *f.*   Ex. Je marche avec les jambes.
jeter   lancer, faire passer en l'air. Ex. Jean jette la balle à Georges qui l'attrape.
jeu *m.*   Ex. Le football, le tennis et le poker sont des jeux.
jeune (*adj.*)   †vieux. Ex. Le petit garçon est jeune, il a cinq ans. Son frère est plus vieux, il a sept ans.
jeune *m.*   Ex. Un homme de 18 ans est un jeune.
joie* *f.*   plaisir vif; jubilation; gaieté
jouer   faire ce qu'on aime faire. Ex. Un garçon joue avec une balle; une jeune fille avec la robe de sa mère.
jour *m.*   24 heures
jus *m.*   liquide; (*pop.*) électricité
jusque (*prép.*)   qui marque la limite d'une action. Ex. La vie dure jusqu'à la mort, jusqu'au moment de mourir.
juste* (*adj.*)   exact
juste* (*adv.*)   exactement

K

kilomètre* *m.*   mesure de distance (5/8 d'un mille)
klaxon *m.*   **—du camion** corne qui fait du bruit pour dire: «Attention!»

L

là (*adv.*)   en cette situation (par opposition à l'endroit où l'on est)
lac* *m.*   Ex. Chicago est au bord du lac Michigan.
lâche *m.*   homme sans courage
laisser   permettre
lampe* *f.*   Ex. Quand il fait nuit, la lampe éclaire mon livre.; **—électrique** lampe qui fonctionne à l'électricité; torche. D. p. 40
lancer   jeter; faire avancer avec force
large* (*adj.*)   †étroit. Ex. La porte n'est pas assez large pour laisser passer l'auto.
largement (*adv.*)   amplement; beaucoup
Las Piedras *f.*   ville sud-américaine
laver   Ex. Ma blouse est sale. Je la lave. Puis elle est propre.
lent (*adj.*)   †rapide
lentement (*adv.*)   †vite, rapidement. Ex. Le vieillard marche lentement, mais le champion court vite.

lettre* *f.* Ex. Il y a 26 lettres dans l'alphabet.

lèvent, se— (prés. de **se lever**)

lever mettre en l'air. Ex. L'élève lève la main pour répondre.; **se—** se mettre plus haut. Ex. Il se lève, s'habille et descend pour manger. D. p. 16.

levier *m.* barre mobile. D. p. 40

lèvre *f.* partie de la bouche. D. p. 74

lier attacher avec une corde. D. p. 26

lieu *m.* endroit; place déterminée

ligne* *f.* Ex. Une ligne droite est la distance la plus courte entre deux points.

limitateur *m.* mécanisme qui limite la vitesse d'un camion

limite* *f.* extrémité

liquide* *m.* Ex. Le café est un liquide, mais le pain n'est pas un liquide.

lire Ex. Il regarde les lettres sur la page et il comprend le sens des mots: il lit la page.

liste* *f.* groupe de mots arrangés dans une série

lit *m.* meuble sur lequel on dort; **être sur son—de mort** être près de mourir; être presque mort

lit (prés. de **lire**)

livide* *(adj.)* de couleur bleu-noir. Ex. On est livide de peur.

loin *(adj.)* à grande distance; †près. Ex. Quand je suis sur une montagne, je vois loin.

long* *(adj., f.* **longue**) †court

longtemps *(adv.)* pendant un long temps. Ex. Le président parle pendant deux heures! Il parle longtemps!

lourd *(adj.)* †léger. Ex. Le papier est léger mais la table est lourde.

lueur *f.* lumière faible

lumière *f.* ce qui éclaire. Ex. Le soleil donne plus de lumière que la lune.

lune *f.* planète satellite de la terre

lutter combattre. Ex. Les soldats luttent contre l'ennemi.

luxe* *m.* Ex. Cette auto est un modèle de luxe. C'est une Mercedes.

M

main# *f.* Ex. On écrit avec la main droite ou avec la main gauche.

maintenant *(adv.)* en ce moment

maintenir* faire continuer dans un certain état

maintiennent (prés. de **maintenir**)

maire* *m.* chef de village

mais (conj. qui marque l'opposition) Ex. Il fait froid mais il fait beau.

mal *m.* (*pl.* **maux**) difficulté; douleur

malade *(adj.)* être en mauvaise santé; †sain. Ex. Il a la pneumonie; il est très malade.

mangeaient (impf. de **manger**)

manger Ex. Je mange un sandwich à midi.

marche *f.* partie d'un escalier. Ex. Cet escalier a 20 marches.

marchepied *m.* petite plate-forme par laquelle on monte dans un camion. D. p. 120

marcher fonctionner. Ex. Le moteur marche.

mare# *f.* eau accumulée dans un grand trou Ex. Il y a une mare pour les canards.

masse* *f.* matière solide, compacte

massif *(adj.)* plein et solide; énorme

matériel* *m.* objets nécessaires pour le travail

matin *m.* partie du jour du lever du soleil à midi

mauvais *(adj.)* †bon

mécanicien *m.* celui qui répare les machines, les moteurs, etc.

meilleur, le (adj. superlatif de **bon**) Ex. 100% est la meilleure note possible.

même *(adj.)* identique; (marque que c'est expressément la personne ou l'action)

menacer* faire craindre, mettre en danger

mener aller, guider. Ex. Le père prend la main de sa fille; il la mène à l'école.

mer *f.* vaste étendue d'eau salée. Ex. La mer Méditerranée est au sud de la France.

met (prés. de **mettre**)

métal* *m.* (*pl.* **métaux**) Ex. Le zinc, le fer, l'or, l'aluminium sont des métaux.

mètre* *m.* unité de mesure du système métrique

mets (impér. de **mettre**) — **le jus** mets le contact

mettre placer; **se — en route** commencer à rouler

meurt (prés. de **mourir**)

mieux (adv. comparatif de **bien**) Ex. Aline travaille bien, elle a un B, mais Georges travaille mieux, il a un A dans son bulletin de notes.

milieu *m.* Ex. Le milieu de la nuit, c'est minuit.

mille *(adj.)* 1.000

milliers *m. pl.* (nombre approximatif)

quelques mille

mis (part. passé de **mettre**)

moins *m.* **au**— au minimum

moi (pro. pers.) Ex. Je travaille moi; toi, tu vas au cinéma.

monde *m.* terre; tout ce qui existe; **tout le**— toutes les personnes

montagne* *f.* Ex. Les Alpes, les Pyrénées sont des montagnes.

monter* aller plus haut; aller dans la direction du ciel; †descendre. D. p. 32

montrer faire voir

morceau *m.* petite partie; section

mordent (prés. de **mordre**)

mordre serrer les dents sur quelque chose. Ex. Le chien mord la jambe du garçon. D. p. 110

morse *m.* Ex. L'alphabet morse pour S.O.S. est · · · — — — · · ·

mort *f.* fin de la vie; à— mortel

mort *m.* homme qui n'est plus vivant

mort (part. passé de **mourir**)

mot *m.* groupe de lettres qui a un sens

moteur* *m.* ce qui fait marcher les autos, les machines. Ex. Le moteur d'une Mercedes est excellent.

mouchoir *m.* morceau d'étoffe pour le nez. D. p. 80

mouillé (*adj.*) couvert d'eau, humide. Ex. Pierre marche sous la pluie. Il est mouillé maintenant.

mourir cesser de vivre. Ex. Shakespeare est mort en 1616.

mouvement* *m.* activité; changement de position

mur *m.* Ex. Une maison a 4 murs et un toit.

murmurer* dire indistinctement à voix basse

N

naturellement (*adv.*) d'une manière naturelle; évidemment

ne (*adv.*) **ne . . . pas** négation; **ne . . . plus** Ex. J'ai cinq dollars mais après ce weekend je n'aurai plus d'argent.; **ne . . . que** seulement; **ne . . . jamais** à aucun moment ††toujours. Ex. Un bon élève travaille toujours, un mauvais élève ne travaille jamais.; **ne . . . rien** Ex. Jean a trois livres, Pierre a deux crayons, Michel a un cahier, mais David n'a rien.

nécessaire* (*adj.*) essentiel; qu'il faut avoir

nerf *m.* **crise de** —**s** très grande excitation

nerveux* (*adj., f.* **nerveuse**) qui a les nerfs irritables, excités

net# (*adv.*) tout d'un coup; simplement

nettoyer rendre propre; laver

neuf (*adj., f.* **neuve**) qui n'a pas encore servi; †vieux

nitroglycérine* *f.* explosif qui entre dans la composition de la dynamite

nœud *m.* Ex. Pour joindre deux cordes, il faut faire un nœud.

noir (*adj.*) de la couleur de la nuit. Ex. Ce papier est blanc, mais les lettres sont noires.

nom *m.* mot par lequel on s'appelle. Ex. Son nom est Georges.; un substantif. Ex. Dans la phrase: «Ce bateau est rouge», bateau est un nom.

nord* *m.* un des points cardinaux; †sud

normal* (*adj.*) ordinaire

nouveau* (*adj., f.* **nouvelle**) autre; †vieux

noyer faire mourir dans un liquide

nuage *m.* masse de vapeur d'eau dans le ciel; —**de sable** masse de poussière fine suspendue dans l'air

nuit *f.* †jour. Ex. Il fait nuit quand le soleil ne brille pas.

numéro *m.* Ex. Mon numéro de téléphone est Passy 3532.

O

obéir suivre les ordres

objet* *m.* chose

obliger* mettre dans une nécessité; forcer

obscur* (*adj.*) difficile à voir; noir

obstiner, s'— s'attacher avec ténacité

occuper*, s'—**de** donner son attention à; soigner

odeur* *f.* Ex. Le roquefort a une odeur très forte.

œil *m.* (*pl.* **yeux**) Ex. Il voit avec les yeux.; **dormir d'un**— dormir avec un œil ouvert et un œil fermé

offre* *f.* ce que l'on veut donner pour avoir une chose

offre* (prés. de **offrir**)

offrir proposer; donner

ombre *f.* endroit où il n'y a pas de soleil. D. p. 88

on (pro. sujet indéfini) Ex. On parle français ici: vous, moi, tout le monde.

ondulé (*adj.*) en forme d'ondulations. D. p. 50

opération* *f.* activité

ordinaire* (*adj.*) †spécial
ordonner* commander
ordre* *m.* commandement. Ex. Le général donne des ordres.
oreille *f.* organe par lequel on entend. Ex. Les éléphants ont de grandes oreilles. Les hippopotames ont de petites oreilles.
ou (*conj.* qui présente une alternative) Ex. J'irai à Paris ou à Rome.
où (*adv.*) en quel endroit
oublier perdre le souvenir, ne pas penser. Ex. Ce glouton oublie d'étudier mais il n'oublie pas de manger.
outil *m.* instrument pour faire des réparations ou pour travailler. D. p. 40
ouvrir †fermer. Ex. J'ouvre le livre. Je tourne à la première page.

P

paie (prés. de **payer**)
paire *f.* ensemble de deux objets. Ex. On achète une paire de souliers.
palace *m.* grand hôtel
pâle* (*adj.*) qui n'a pas de couleur
papier* *m.* Ex. Les pages du livre sont en papier.
paquet *m.* objet enveloppé dans du papier. Ex. J'ai des lettres et un paquet pour vous.
par (*prép.*) marque le moyen. Ex. J'entre par la porte mais l'oiseau entre par la fenêtre; — **-dessus** †sous. Ex. L'oiseau vole par-dessus les maisons. D. p. 70; — **exemple** Ex. Voici un exemple d'une couleur: rouge.; **deux —** **camion** deux dans un camion
parce que (*conj.*) pour la raison que. Ex. Il arrive en retard parce qu'il marche très lentement.
paresseux (*adj., f.* **paresseuse**) qui ne travaille pas, ou qui n'aime pas travailler
parler Ex. Parlez-vous français?
parti (part. passé de **partir**)
partie* *f.* élément; †tout
partir* quitter un endroit, s'en aller
passé (part. passé de **passer**)
passer aller à côté; traverser; **se—** arriver. Ex. Qu'est-ce qui s'est passé? Y a-t-il eu un accident?; **examens à—** examens à faire
patin *m.* Ex. Les joueurs de hockey portent des patins aux pieds. D. p. 70
pauvre (*adj.*) qui n'a pas beaucoup d'argent; †riche

payer* Ex. Il paie 2 francs le livre.
pays# *m.* territoire d'une nation. Ex. La France est un pays.
peau *f.* tissu qui couvre le corps de l'homme. Ex. La surface du corps est couverte de peau.
pédale* *f.* levier actionné par le pied. D. p. 40
peindre mettre des couleurs. Ex. On peint un mur avec de la peinture. D. p. 26
peine *f.* difficulté
peint (prés. de **peindre**)
pelle *f.* outil pour creuser. Ex. Pour faire un trou dans la terre, on a besoin d'une pelle. D. p. 94
pendant (*prép.*) en même temps que; marque le temps. Ex. Pendant la classe nous parlons français.
pensée *f.* ce que l'on pense; acte mental
penser avoir dans l'esprit. Ex. L'homme pense avec la tête. Un philosophe pense beaucoup.
pente *f.* inclinaison, flanc d'une montagne. D. p. 32
perdre cesser d'avoir. D. p. 14; †trouver
perdu (part. passé de **perdre**)
permettre* laisser faire
perpétuel* (*adj.*) continuel, incessant, permanent
personne, ne— (*pro. indéfini*) pas. un seul homme. Ex. Il n'y a personne devant le tableau. La salle de classe est vide.
petit (*adj.*) †grand
pétrole *m.* liquide noir qui brûle. Ex. Il y a du pétrole au Texas.
peu *m.* petite quantité
peur *f.* avoir— Ex. Il tremble, il a peur de tomber.
peut (prés. de **pouvoir**)
peut-être (*adv.*) montre que quelque chose est possible. Ex. Il est malade? Peut-être. C'est possible.
peuvent (prés de **pouvoir**)
peux (prés. de **pouvoir**)
phare *m.* lampe du camion. D. p. 34
photographe* *m.* homme qui fait une photographie
phrase# *f.* Ex. En général, une phrase a un sujet, un verbe et un complément.
pied *m.* partie du corps qui est au bout de la jambe. Ex. On marche sur les pieds.; **être à—** marcher
piège *m.* quelque chose pour capturer un animal, etc. D. p. 48
pierre *f.* matière dure qu'on trouve dans

la terre. Ex. Le petit garçon jette des pierres dans le lac pour voir les cercles à la surface de l'eau.

pince *f.* outil qui sert à tenir quelque chose. D. p. 20

pioche *f.* outil qui sert à fracturer la terre dure. D. p. 94

piste *f.* chemin rudimentaire. Ex. Je fais du ski sur la piste de neige.

place *f.* grand-— place principale. Ex. Devant l'église il y a souvent une grand-place, sans maisons, pour le marché.

plafond *m.* surface plate au-dessus de la tête dans une maison; †plancher

plafonner rouler aussi vite que possible

plaie *f.* blessure. Ex. Le garçon tombe de sa bicyclette et se fait une plaie au genou.

plaine* *f.* †montagne

plaisir* *m.* sentiment que produit quelque chose d'agréable. Ex. C'est un plaisir de manger au restaurant.

plancher *m.* surface où l'on marche dans une maison

plante* *f.* Ex. Les arbres, les tulipes, les carottes sont des plantes.

planter* mettre dans la terre; enfoncer Ex. L'oiseau plante son bec dans un fruit.

plat *(adj.)* sans rigoles, sans bosses, sans trous

plateau *m.* plate-forme d'un camion. D. p. 16; D. p. 32

plein *(adj.)* rempli; †vide. Ex. Il y a beaucoup d'eau dans le vase. Il est plein. Il n'y a rien dans le verre. Il est vide. D. p. 14

pleurer avoir de l'eau dans les yeux. Ex. Paul pleure car sa mère va mourir.

plonger* aller de haut en bas dans un liquide

pluie *f.* eau qui tombe du ciel. D. p. 14

plus *(adv.)* moins. Ex. J'ai trois francs, il en a cinq: il a plus d'argent que moi ; ne . . . — marque que quelque chose a fini d'exister.

plusieurs (adj. qui indique un nombre indéterminé, trois et plus)

pneu *m.* Ex. Une auto a quatre pneus. D. p. 74

point *m.* —**sensible** endroit où l'embrayage commence

pompe* *f.* machine qui change la position des liquides. Ex. Il y a deux pompes à essence à la station service Esso.

port* *m.* Ex. Il y a beaucoup de bateaux dans le port de New York.

porte *f.* Ex. J'entre dans la maison par la porte.

portière *f.* porte d'un camion

poudre* *f.* poussière. Ex. La poudre de talc est souvent parfumée.

pour# *(prép.)* marque ce qu'on veut faire. Ex. Il travaille pour gagner de l'argent.

pourquoi *(adv.)* pour quelle raison ?

pourquoi *(conj.)* raison pour laquelle

pourrir Ex. Un œuf qu'on ne met pas au frigidaire pourrit vite, s'il fait chaud. Une banane pourrie est noire.

pousser exercer une pression. Ex. Pouvez-vous pousser mon auto ?

poussière *f.* terre changée en poudre

pouvait (impf. de **pouvoir**)

pouvez (prés. de **pouvoir**)

pouvoir être possible; être capable de; avoir la permission; **n'en plus**— être excessivement fatigué

précaution* *f.* ce qu'on fait pour se défendre contre un danger qui peut venir. Ex. Il fait froid. Comme précaution j'apporterai un autre manteau.

précipice* *m.* Ex. Il y a beaucoup de précipices dans les Alpes.

précis* *(adj.)* exact

préférable* *(adj.)* Ex. Je préfère le café au thé. Le café est préférable.

préférer* aimer mieux. Ex. Je préfère le café au thé.

premier *(adj.)* †dernier. Ex. Adam est le premier homme.

prend (prés. de **prendre**)

prendre saisir, fermer la main sur quelque chose; accepter; —**de l'avance** partir avant

prenons (prés. de **prendre**)

préparatif *m.* action de préparer

préparer* faire des préparatifs. Ex. Je me prépare à partir.

près (adv. de lieu) marque la proximité; pas distant. Ex. Le Canada est près de New York mais il est loin du Japon.

présent* *m.* moment actuel. Ex. Il fait très chaud, à présent.

pression *f.* force contre une surface

prêt *(adj.)* préparé

prière *f.* paroles qu'on adresse à Dieu. D. p. 74

prime *f.* récompense; argent pour un travail spécial

principal* *(adj.)* qui est le plus important

prix *m.* ce qu'il faut payer pour acheter une chose

problème* *m.*　chose difficile, complexe

prochain (*adj.*)　qui suit, qui vient après

profond* (*adj.*)　loin de la surface, très bas

progressivement* (*adv.*)　†soudainement

projet* *m.*　plan; ce qu'on veut faire

prolonger* ajouter du temps, augmenter

promener, se— faire une promenade, marcher pour le plaisir

promettre faire une promesse

pu (part. passé de **pouvoir**)

puant (*adj.*)　qui exhale une odeur désagréable

puis (*adv.*)　après, ensuite, alors

puits *m.*　trou profond dans la terre où il y a de l'eau ou du pétrole

pulvériser* mettre en poudre, détruire dans une explosion.　Ex. L'explosion pulvérise la maison.

pus* *m.*　liquide blanc causé par l'infection

Q

qualité* *f.*　ce que quelqu'un ou quelque chose a de bon

quand (*conj.*)　au moment où

quantité* *f.*　grand nombre.　Ex. La quantité n'est pas nécessairement la qualité!

quart *m.*　Ex. Quatre quarts font une unité.; **—d'heure** quinze minutes

quelque (nombre indéfini) plusieurs, deux ou trois, une petite quantité

quelque chose *m.*　objet non précisé. Ex. Je vois quelque chose mais je ne sais pas ce que c'est.

quereller*, se— avoir une querelle; se disputer; avoir des disputes

queue *f.*　Ex. La queue du cochon est en spirale. D. p. 70

quinzaine *f.*　à peu près quinze

quitter# partir de

quoi (mot exclamatif et interrogatif)

R

raconter réciter

raide (*adj.*)　abrupt; que l'inclinaison rend difficile à monter.　Ex. Il est difficile de grimper une montagne raide, même si elle est petite. D. p. 32

ralentir aller plus lentement; †accélérer

rallumer allumer encore une fois

rampe* *f.*　construction sur laquelle on peut marcher.　Ex. A l'aéroport, il y a beaucoup de rampes pour les avions.

rapidement* (*adv.*)　vite; †lentement

rappeler faire revenir.　Ex. Il rappelle Hans qui s'en va, car il a besoin de parler avec lui.

rapport* *m.*　explication des résultats d'une activité.　Ex. Le lieutenant fait un rapport au général.

rapprocher, se— venir plus près

rare* (*adj.*)　†nombreux; †fréquent

raser, se— Ex. Il se rase avec un rasoir. D. p. 124

recevoir* prendre ce qui est offert; †donner

reçoit (prés. de **recevoir**)

recommencer* commencer encore une fois

reculer aller en arrière; †avancer

réduire diminuer; †augmenter

réduit (part. passé de **réduire**)

réfléchir* penser longtemps

réflexe* *m.*　réaction rapide

regarder tourner les yeux vers une personne ou une chose.　Ex. Je regarde avec les yeux.

région* *f.*　partie d'un pays

régulièrement* (*adv.*)　uniformément

remarquer* observer

remonter monter encore une fois, revenir

rempli (*adj.*)　plein. Ex. Il y a beaucoup d'eau dans le vase. Il est rempli. Il n'y a rien dans le verre. Il est vide.

remuer changer de place; être en mouvement

rencontre *f.*　**aller à leur—** se diriger vers eux

rend (prés. de **rendre**)

rendre faire; faire devenir

réparé (*adj.*)　Ex. Mon auto est réparée: elle marche bien.

réparation* *f.*　action de mettre en bon état de fonctionnement

repartir partir encore une fois

repas *m.*　Ex. Il y a trois repas: le petit déjeuner, le déjeuner et le dîner.

répéter* dire encore. Ex. Papa appelle: «Marie!» Il répète: «Marie! Marie!»

répondre Ex. Le professeur a posé une question et l'élève a répondu.

réponse *f.*　†question

repos *m.*　†travail

reposer, se— ne pas travailler.　Ex. Quand je suis fatigué, je me repose. Il se repose au lit.

reprendre prendre encore une fois

reprends! (impér. de **reprendre**)

résister* opposer la force à la force

respirer faire entrer de l'air dans le corps. Ex. Je respire le bon air de la campagne.

rester †partir. Ex. Je reste à l'école pour travailler.

résultat* *m.* issue; conclusion; solution

retenir garder; ne pas laisser

retomber tomber encore

retour *m.* action de revenir, de retourner

retourner* aller au même endroit; †partir; **se—** tourner la tête et la partie supérieure du corps en arrière et regarder derrière

retrouver trouver encore une fois; retourner sur

réveiller, se— cesser de dormir. Ex. Le matin, le sergent réveille les soldats à quatre heures.

revenir retourner; aller à l'endroit d'où on est parti. Ex. Je pars aujourd'hui, je reviens demain.

rêve *m.* ce qu'on imagine quand on dort

rêver Ex. Quand on dort on voit des choses imaginaires, on rêve.

rhum* *m.* boisson alcoolisée

rien (*pro. indéfini*) **ne · · ·—** négatif de quelque chose; pas une seule chose. Ex. Cet homme est si pauvre qu'il n'a rien.

rient (prés. de **rire**)

rigole *f.* petit canal

rire faire un bruit qui montre qu'on s'amuse. Ex. Je ris quand quelque chose est comique. Ha! Ha!

risque* *m.* danger possible. Ex. Cet aviateur court beaucoup de risques.

rit (prés. de **rire**)

rocher *m.* grande masse de pierre, roc élevé

ronfler faire un bruit sourd et prolongé. Ex. Le moteur ronfle.; faire un bruit en dormant. Ex. Z–Z–Z–Z.

roue *f.* pièce ronde qui sert à faire avancer les autos. Ex. Une auto a quatre roues; une bicyclette a deux roues.; **—avant gauche** la roue la plus près du chauffeur. D. p. 40

rouge (*adj.*) couleur. Ex. Le drapeau français est bleu, blanc, rouge.

rouler Ex. Les personnes marchent, les autos roulent.; **—de front** aller dans la même direction, l'un à côté de l'autre. D. p. 72

roumain *m.* langue parlée par un Roumain

Roumain *m.* homme de Roumanie

route* *f.* endroit pavé où roulent les automobiles et les camions. Ex. La route 66 traverse les Etats-Unis.; **ils sont en—** ils roulent sur la route

rue *f.* Ex. Les routes traversent la France et les rues traversent Paris. Une avenue est une grande rue plantée d'arbres.

rugissement *m.* bruit que font certains animaux. Ex. Le rugissement du lion.

ruisseau *m.* petite rivière

S

sable *m.* gravier. Ex. Sur le bord de l'océan il y a du sable. Les enfants font des châteaux avec le sable. D. p. 56

sabotage* *m.* défaut volontaire dans un travail

saisi (part. passé de **saisir**)

saisir prendre

sait (prés. de **savoir**)

salaire* *m.* argent que le travailleur reçoit pour son travail. Ex. On paie un salaire aux personnes qui travaillent.

sale# (*adj.*) †propre; †immaculé. Ex. Tu as joué dans la boue? Tu es tout sale!

saleté *f.* chose malpropre, chose qui a grand besoin d'être lavée

sang *m.* liquide rouge qui coule dans les veines; **en—** couvert de sang

sans (*prép.*) †avec. Ex. Je n'ai pas d'argent; je suis sans argent.; **—doute** probablement

saut *m.* bond. Ex. Le chat attrape la souris en trois sauts.

sauter faire un bond. Ex. Le lion saute sur l'animal et le mange.; faire explosion. Ex. La dynamite saute.; être détaché. Ex. La goupille a sauté: est partie.; **faire—le limitateur** déplacer de force, ôter

sauver* tirer du péril. Ex. La police sauve les personnes en danger.

savent (prés. de **savoir**)

savez (prés. de **savoir**)

savoir connaître, avoir dans la mémoire. Ex. Savez-vous son adresse? Oui, c'est 5, rue du Bac.

sec (*adj.*) brusque, rapide

second* (*adj.*) deuxième de deux

seconde* *f.* 1/60e d'une minute

secteur *m.* partie; section

sécurité* *f.* †danger; †péril

semaine *f.* Ex. Il y a 4 semaines dans un mois.

sembler donner l'impression

sens *m.*   direction
sens (prés. de **sentir**)
sentent (prés. de **sentir**)
sentir   avoir l'idée de quelque chose par les sens; avoir une impression physique.   Ex. Je sens l'arôme du café avec le nez.; **se**— se croire, se reconnaître; **se**—**en forme** se porter très bien, aller bien.
séparer*   diviser, détacher
sera (fut. de **être**)
série* *f.*   choses semblables l'une à côté de l'autre ou l'une après l'autre.   Ex. A Detroit, les autos sont fabriquées en série.
sérieux* (*adj.*)   grave; †amusant
seront (fut. de **être**)
serrer   presser.   Ex. On se serre la main quand on dit: «Bonjour.»
seul (*adj.*)   isolé, unique
seulement (*adv.*)   uniquement.   Ex. J'ai seulement dix doigts, c'est tout.
si (*adv.*)   tellement.   Ex. Jean est si intelligent qu'il a toujours des A et des B.
signe* *m.*   marque distinctive
signifier*   avoir le sens de; représenter
silencieusement* (*adv.*)   sans faire de bruit
silhouette* *f.*   profil
sinon (*conj.*)   †si oui
sirène* *f.*   Ex. Une ambulance annonce sa présence par une sirène.
soigner   donner des soins, s'occuper du malade.   Ex. Le docteur soigne le malade.
soir *m.*   partie du jour entre l'après-midi et la nuit.   Ex. Nous prenons notre dîner à huit heures du soir.
sol *m.*   terre, surface sur laquelle on marche
soleil *m.*   astre qui envoie sa lumière sur la terre.   Ex. En été le soleil brille beaucoup; il fait chaud.
solidement* (*adv.*)   bien
sommeil *m.*   état de celui qui dort; **avoir**— vouloir dormir.   Ex. Gérard a sommeil; il veut dormir.
sommet* *m.*   le plus haut point de la montagne
sonner   produire un bruit de cloche; **—le klaxon** faire marcher le klaxon
sort# (prés. de **sortir**)
sortie *f.*   endroit où l'on sort; **—d'un virage** fin d'un virage
sortir   venir de l'intérieur
soudain* (*adj.*)   Ex. Un bruit soudain est un bruit qui vient brusquement et comme surprise.
souffle *m.*   air sortant de la bouche.   Ex. Jean court, il respire beaucoup, il a un souffle rapide.
souffler   respirer avec effort.   Ex. Pierre souffle sur le feu pour l'activer.
souffrance *f.*   affliction, tourment
souffrir   avoir mal.   Ex. Je me suis cassé la jambe; je souffre.
soulier *m.*   chaussure, ce qu'on porte aux pieds
soupirer   faire une respiration forte
sous (*prép.*)   Ex. Un sous-marin est un bateau qui va sous la surface de l'eau.
souvent (*adv.*)   fréquemment; †rarement.   Ex. Nous avons souvent des devoirs à la maison.
spécialement* (*adv.*)   †généralement
spécialiste* *m.*   homme qui a des talents particuliers
squelette* *m.*   os d'un homme arrangés comme s'il vivait. D. en face de la p. 1
succès* *m.*   résultat heureux
sucre *m.*   Ex. On met du sucre dans le café. D. p. 14; **—en morceaux** sucre en forme de cube
sud* *m.*   un des points cardinaux; †nord
sueur *f.*   eau salée qui sort du corps quand on a très chaud
suffire   être assez
suffit (prés. de **suffire**)
suffoquer*   manquer d'air, ne pas pouvoir respirer
suit# (prés. de **suivre**)
suivant (*adj.*)   qui suit.   Ex. Tournez à la page suivante.
suivent (prés. de **suivre**)
suivre   venir après; aller derrière.   Ex. Le chien suit son maître.   Le maître suit la route.
sujet* *m.*   Ex. Elle regarde le crayon. «Elle» est le sujet; «regarde» est le verbe; «le crayon» est le complément.
sur (*prép.*)   Ex. Le livre est sur la table et le chien est sous la table.
sûr* (*adj.*)   certain; **bien**— certainement
sûrement (*adv.*)   certainement
surprendre*   prendre par surprise

T

tableau *m.*   endroit où il y a les instruments du camion. D. p. 26
talon *m.*   partie arrière d'un soulier. D. p. 94; **coup de**— action de frapper la terre avec le talon

tant (*adv.*) tellement; une si grande quantité. Ex. Il y a tant de nuages que le ciel est gris.

tard (*adv.*) à une heure avancée; †tôt. Ex. Pauline se couche à onze heures du soir; c'est tard pour un enfant.

tellement (*adv.*) si; tant. Ex. Il est tellement malade qu'il va mourir.

température* *f.* Ex. La température à laquelle l'eau se transforme en glace est 32°F.

temps* *m.* les heures, les jours; **de—en—** quelquefois; **à—** assez tôt

tendre mettre en avant; **se—** devenir raide. Ex. Ils se tendent la main quand ils se disent «Bonjour.»

tendu (part. passé de **tendre**) Ex. La corde A est tendue; la corde B n'est pas tendue. D. p. 110

tenir garder; avoir à la main; continuer

tente* *f.* Ex. Quand je fais du camping, j'apporte ma tente.

terminer* finir

terre *f.* planète de l'homme; ce que le fermier cultive; **par—** sur le sol, sur le plancher. Ex. L'enfant tombe par terre.

terriblement* (*adv.*) d'une façon extrême. Ex. Il fait terriblement froid en Alaska.

tête *f.* partie supérieure de l'homme. Ex. Les yeux, la bouche et les oreilles sont des organes de la tête.; **de—** en avant

tiens (prés. de **tenir**)

tigre* *m.* animal sauvage qui habite dans la jungle. Ex. Le tigre est comme un grand chat.

tirer faire venir à soi. D. p. 34; faire sortir

tiroir *m.* partie mobile d'un meuble où l'on peut mettre des objets

toi (pro. pers. 2ᵉ sing.) **à—** c'est ton tour

tôle *f.* feuille de fer ou d'acier; **—ondulée** feuille de fer en forme d'ondulations. D. p. 50

tombe* *f.* lieu où repose un mort. Ex. Les pyramides sont les tombes des rois d'Égypte.

tomber descendre; †monter

ton# *m.* inflexion de la voix; intonation

tonnerre *m.* bruit qui accompagne ou vient après un éclair

torche *f.* lampe électrique. D. p. 40

tôt (*adv.*) de bonne heure; †tard. Ex. Elle se lève tôt, à cinq heures du matin.

toucher* faire contact. D. p. 50; **—de l'argent** recevoir; avoir

toujours (*adv.*) tout le temps; encore (pour une action ou un état qui continue); †jamais

tour *m.* moment; mouvement circulaire; ordre. Ex. Je parle à mon tour, après les autres.

tourner* changer de position par des rotations

tous (*adj. m. pl.*) exprime l'ensemble. Ex. Tous les hommes sont mortels.

tout (*adj. ou pro. sing.*) exprime l'ensemble; la totalité

tout (*adv.*) entièrement; très; certainement; **—à coup** soudainement; **—à fait** entièrement; **—de suite** immédiatement; **—à l'heure** bientôt

train* *m.* ensemble de wagons; **—de nuit** train qui voyage la nuit

traîner# tirer

traître* *m.* ami qui est en réalité un ennemi

tranquillement* (*adv.*) calmement

transporter porter; changer de position

travail *m.* efforts qu'on fait pour faire quelque chose; activité; **au—!** travaillons!

travaillant (part. prés. de **travailler**) **en—** Ex. Ils pensent et ils travaillent. Ils pensent en même temps qu'ils travaillent.

travailler Ex. L'élève fait ses leçons; il travaille. L'homme construit une maison; il travaille.

travailleur *m.* personne qui fait quelque chose pour gagner de l'argent

traverser* passer par; aller à travers. Ex. Il traverse la rue au feu rouge.

trébucher perdre son équilibre en marchant

tremblant* (*adj.*) qui fait des vibrations; qui tremble

trembler* faire de petits mouvements. Ex. Devant l'assassin, la victime tremble de peur.

très (*adv.*) Ex. L'oncle Sam est très riche.

triomphe* *m.* victoire

trop (*adv.*) plus que nécessaire. Ex. Les riches ont trop d'argent et les pauvres n'ont pas assez d'argent.

tropical* (*adj.*) chaud, torride. Ex. L'Afrique est un pays tropical.

trou *m.* Ex. Le fromage suisse a des trous. D. p. 8

trouver découvrir. Ex. Je cherche dans mon dictionnaire . et je trouve une

définition.; **se—** être
tuer prendre la vie. Ex. Le soldat tue l'ennemi.

U

uniformément* (*adv.*) †irrégulièrement
utile (*adj.*) qui rend service

V

va (prés. de **aller**) suivi d'un infinitif indique le futur immédiat. Ex. Il va partir dans cinq minutes.
vacances (*f. pl.*) Ex. Les vacances d'été commencent en juin et finissent en septembre.
valoir égaler; avoir une valeur. Ex. Un dollar vaut 5 francs.
vas (impér. de **aller**) — **-y** Commence! Fais-le!
vaut (prés. de **valoir**)
veinard (*adj.*) qui a de la chance. Ex. Ne joue pas au poker avec lui; le veinard, il gagne toujours!
veine* *f.* petit canal du corps pour le sang
venir s'approcher; arriver; **—de** finir dans le passé récent. Ex. Lisez-vous toujours? Non. Je viens de finir le livre.
vent *m.* mouvement de l'air. Ex. Le vent du nord est froid.
ventilateur* *m.* appareil qui tourne et qui fait circuler l'air
venu (part. passé de **venir**)
véritable* (*adj.*) réel; vrai
verras (fut. de **voir**)
verre *m.* vase à boire. Ex. Il boit du vin dans un verre, du café dans une tasse.
vers (*prép.*) dans la direction de
verser mettre un liquide d'un récipient dans un autre. Ex. Je verse du café dans la tasse.
vert (*adj.*) de la couleur des plantes
veulent (prés. de **vouloir**)
veut (prés. de **vouloir**)
veux (prés. de **vouloir**)
victime* *f.* Ex. L'oiseau est mort. Il est la victime du chat.
victoire* *f.* †défaite
victorieux* (*adj.*) qui a gagné la victoire
vide (*adj.*) où il n'y a rien; †plein. Ex. Les verres sont pleins maintenant et la bouteille est vide.

vie *f.* existence; être vivant; †mort
vieillard *m.* homme âgé
viens (prés. de **venir**; impér. de **venir**)
vieux (*adj.*) âgé; †jeune. Ex. Mon grand-père a 92 ans. Il n'est pas jeune, il est vieux.
vieux *m.* Ex. Un homme qui a 92 ans est vieux. Il n'est pas jeune. C'est un vieux.; **mon—** terme d'amitié. Ex. On appelle un ami, un copain, «mon vieux».
village* *m.* groupe de maisons à la campagne
ville *f.* Ex. Paris, Bordeaux, Lyon sont de grandes villes.
violent* (*adj.*) †calme
virage *m.* changement de direction; courbe. D. p. 32. Ex. Le chauffeur n'a pas tourné assez. Il a eu un accident dans le virage.
visage *m.* figure, face de l'homme
vite (*adv.*) de façon rapide; †lentement
vitesse *f.* rapidité. Ex. La vitesse de cette automobile est de 100 milles.; embrayage. Ex. Cette auto a quatre vitesses; elle n'a pas la transmission automatique.
vivaient (impf. de **vivre**)
vivre être en vie, pouvoir respirer
voilà (*prép.*) montre la présence d'une chose. Ex. Voilà Johnny qui arrive.
voir Ex. Il voit avec les yeux. Il mange avec la bouche.
voit (prés. de **voir**)
voix *f.* Ex. Jeanne chante bien cet opéra. Elle a une belle voix.
volant *m.* sorte de roue qui sert à diriger une auto. D. p. 26
volcan *m.* montagne qui a un cratère. Ex. Le Vésuve est un volcan.
voler aller dans l'air. Ex. L'oiseau vole par-dessus les maisons. D. p. 70
vont (prés. de **aller**)
vouloir désirer
voyager* faire un voyage
voyait (impf. de **voir**)
vrai (*adj.*) qui est correct, juste; †faux
vraiment (*adv.*) de façon vraie, réellement
vu (part. passé de **voir**)

Y

y (*pro.*) Ex. Elle est dans la chambre? — Oui, elle y est. (y = dans la chambre)
yeux *m. pl.* (**œil** *m. sing.*) Ex. Je vois avec les yeux.